시시콜콜 민주주의의 역사

시시콜콜 민주주의의 역사

김결 지음

우리의 민주주의는
안녕한가요?

씨네스트

대한민국의 민주주의

: 군사독재에서 세계가 놀랄만한 민주주의 진전 국가로

민주주의(democracy)의 어원

민주주의라는 말은 '국민'이라는 뜻의 그리스어 '데모스(demos)'에서 유래했다. 그럼 왜 '국민'이라는 말이 '민주주의'라는 의미 심장한 의미를 지닌 말이 되었을까? 국민은 단순히 국가의 구성원을 가리키는 말이 아닌가! 국가가 존재하는 곳에는 당연히 국민이 있다. 왕국에도 국민이 있고, 독재체제에도 국민이 있다.

그러나 지금으로부터 2,500여 년 전. 고대 그리스에서 '국민(demos)'은 아주 특별한 권리를 지닌 사람들을 일컫는 말이었다. 그들은 국가의 중요한 일을 결정하는 주체들로서 여성과 노예를 제외한 폴리스의 시민들이었다. 즉, 당시의 국민은 일부 특권층을 일컫는 말이었다. 정확히 말해서 현대의 민주주의는 그리스의 민주주의를 이어온 것이 아니라 18세기 말의 프랑스 대혁명으로부터 유래했다. 장장 2,000여 년이 지나서야 보편적인 의미의 국민은 자신이 국가의 주인이며, 국가를 운영하는 권리를 가졌다는 사실을 자각했다. 실제로 현재 민주주의라는 용어를 똑같이 쓰면서도 서로 다른 해석을 하는 것은 고대 그리스 시대의 민주주의와 프랑스 혁명 이후의 민주주의를 똑같은 민주주의라고 이야기하는 것과 같은 맥락이다. 우리는 상대방이 어떤 의미로 민주주의라는 말을 사용하는지 제대로 이해해야 할 것이다.

민주주의에 관한 근거 없는 이야기 6가지

우리는 민주주의가 남용되는 시대에 살고 있다. 누구나 민주주의라는 말을 해서 그 말이 하찮게 들리기도 한다. 민주주의라는 말은 귀에 걸면 귀고리고 코에 걸면 코걸이다. 세계의 많은 나라의 독재정권들조차도 '민주주의'를 지키기 위해 통치를 한다고 말한다. 이런 혼란 속에서 '진짜' 민주주의를 가려내는 방법은 무엇일까? 오해하기 쉬운 몇 개의 개념을 살펴보자.

1. 민주주의는 무결점의 제도이다. Nope! 민주주의는 불완전한 제도이다. 그러나 이보다 더 나은 제도를 아직은 찾기가 힘들다. 민주주의를 최고의 정치형태로 신봉했던 영국의 수상 처

칠도 "민주주의 좋긴 한데, 너무 피곤해. 어디 편한 제도가 없을까? 그러나 아무리 찾아봐도 민주주의 제도보다 더 나은 것은 없어. 결국 피곤하지만 민주주의를 유지하려고 노력하는 도리밖에……"라고 이야기를 했다고 한다. 예를 들어, 학급회장을 선거로 뽑았다고 가정해 보자. 선거를 할 당시에는 착해 보였던 학생이 학급회장이 되자마자 반 전체의 행복보다 자기의 이익만을 추구하는 경우가 생길 수도 있다. 그럼 반 아이들은 학급회장을 잘못 뽑은 것을 후회한다. 그럼 복잡한 학급회장 선거를 폐지하고 교장선생님이 지명하는 것이 옳을까? 아니다. 학급회장 선거를 없앤다는 것은 모든 학생에게 평등한 기회를 주지 않을 수 있다. 교장선생님이 지명하면 외부적인 조건(부모의 경제력 같은)이 영향을 미칠 수 있다. 이처럼 민주주의 제도는 곳곳에 허점이 도사리고 있지만, 그 허점 때문에 민주주의를 배격하면 더 좋지 않은 결과를 낳는다.

2. 민주주의는 결점은 좀 있지만 효율적인 제도이다. Nope! 민주주의는 효율적이지 않다. 가장 효율적인 제도를 운영하는 곳

은 군대이다. 군대는 지휘관의 명령에 따라 일사분란하게 움직인다. 친구들 모임에서 놀이동산에 놀러 갈 날짜를 정하는 단순한 경우를 생각해 보자. 단톡방에 날짜를 묻는 공지를 올리면 한꺼번에 답장이 오는 것이 아니다. 한 친구라도 답을 하지 않으면 며칠을 기다려야 한다. 그렇다고 그 친구의 의견을 무시하고 일방적으로 정할 수도 없다. '12월 25일 오후 1시에 모여라.' 이렇게 편하게 할 수 있다면 얼마나 좋을까? 민주주의는 비효율적이지만, 그 비효율을 무시하고 효율성을 강조하다보면 친구들의 모임이 위축된다. 민주주의는 인내와 상호배려가 필요하다. 공지를 올린 사람은 인내심을 가져야 하고, 공지를 받은 사람은 자신이 바쁘더라도 시간을 내어 빠르게 답장을 하는 상대에 대한 배려가 필요한 제도이다.

3. 민주주의의 원칙인 다수결은 항상 옳다. Nope! 옳을 때도 있고 옳지 않을 때도 있다. 아주 특수한 경우에는 소수의 의견을 받아들여야만 하는 경우도 있다. 예를 들어서 친구들과 함께 생일 파티를 하기로 했다. 생일인 친구는 무엇을 먹을 것인

지에 대해 의견을 물었다. 서로 자기주장을 해서 결론이 나지 않았다. 할 수 없이 무난한 치킨을 선택하여 거수로 찬반 표결했다. 모두 치킨을 먹자고 했는데 한 친구가 기권을 했다. 그 친구는 치킨을 먹으면 몸에 두드러기가 나기 때문에 피자를 먹자고 했다. 무조건 다수결의 원칙으로 치킨을 먹는 것이 민주주의인가? 그렇기에 한 친구는 배제되어야 할까?

이런 경우, 피자가 싫지 않다면 차선으로 피자를 생일 메뉴로 정하는 것이 민주적이라고 할 수 있다. 그런데 만약 피자를 좋아하지 않는 친구가 있다면 어떻게 해야 할까? 그런 경우, 다시 제3의 메뉴를 정하든지, 치킨을 먹을 수 없는 친구만을 위하여 피자를 1인분 준비하는 것이 바람직하다. 이처럼 다수결의 원칙만을 무조건적으로 강조하면 누군가는 소외된다. 그러므로 대화를 통하여 합의를 이끌어내는 것이 시간이 걸리더라도 가장 민주적인 방식이라고 할 수 있다.

4. 민주주의가 가장 잘 이루어진 나라는 미국이다. Nope! 영국의 시사주간지 《이코노미스트》 부설 '이코노미스트 인텔리전

스 유닛(EIU)'은 매년 '민주주의 지수'(Democracy Index)를 발표한다. 즉, 전년도에 민주주의가 가장 잘 이루어진 나라를 순서대로 나열하는 것이다. 2023년 민주주의 지수에서 한국은 전 세계 조사 대상국 167개국 중 22위를 차지하였다.

그렇다면 미국은 몇 위일까. 미국은 대한민국보다도 낮은 평점을 받아서 29위였다. 의외의 일이지만 사실이다. 이 조사에 따르면 8점이 넘는 국가는 '완전한 민주주의', 6점 초과~8점 이하는 '결함 있는 민주주의', 4점 초과~6점 이하는 '민주 · 권위주의 혼합형 체제', 4점 미만은 '권위주의 체제' 등 4단계로 구분하는데 한국은 8.09로 완전환 민주주의에 속하였지만 미국은 7.85로 8년 연속 결함 있는 민주주의 국가로 분류되었다.

최상위권은 북유럽 국가들이었다. 노르웨이(9.81점)가 2008년 이후 16년 연속 1위를 기록했고, 이어서 뉴질랜드(9.61점), 아이슬란드(9.45점), 스웨덴(9.39점), 핀란드(9.30점), 덴마크(9.28점), 아일랜드(9.19점), 스위스(9.14점), 네덜란드(9.00점) 등의 순이었다. 아시아 국가 중에서는 대만(8.92점)이 10위로 가장 높은 순위를 기록했고, 일본(8.40점)은 16위였다.

5. 각국의 대통령과 수상, 국회의원, 시장, 도지사는 권력을 가지고 있는 사람이다. Nope! 그것은 착각이다. 권력을 가지고 있는 것이 아니라, 국민의 권력을 대신 행사하는 것이다. 앞에서도 이야기했듯이 민주주의 국가는 국민이 주인인 국가이다. 주인인 국민이 직접 하지 못하는 일을 대신 해줄 사람들이 바로 대통령이고 수상이고 정부의 관료들이다. 그런데 자기가 '모태 위인'이어서 국민과 시민의 대표가 되었다고 착각하는 순간, 권력의 남용이 시작된다. 권력을 자신의 이익을 채우는 데 사용하기도 한다. 그것을 감시하고 못하게 하는 것이 바로 국가의 주인인 국민들이 할 책임이기도 하다. 대한민국 헌법 1조 1항에는 "대한민국은 민주공화국이다."라고 되어 있으며 1조 2항에는 "대한민국의 주권은 국민에게 있고, 모든 권력은 국민으로부터 나온다."라고 쓰여 있다.

6. 민주주의의 반대말은 사회주의(공산주의)이다. Nope! 민주주의의 반대말은 권위주의, 즉 독재라고 할 수 있다. 민주주의(民主主義)는 민(民, 백성 민)이 주인(主, 주인 주)이라는 뜻이다. 권위

주의, 즉 독재는 1인이나 몇 명이 주인이고 나머지는 그들의 지배하에 있다는 뜻이다. 그럼 사회주의(공산주의)의 반대 개념은 무엇일까? 사회주의의 반대 개념은 자본주의이다. 사회주의(공산주의)는 부를 평등하게 분배하는 것에 중점을 두는 체제이고, 자본주의는 개인적 부의 축적을 자유롭게 하는 체제이다. 북한처럼 독재사회주의(권위주의적 사회주의)가 있고, 스웨덴이나 노르웨이 덴마크처럼 자본주의와 사회주의를 혼합하는 민주주의 국가도 있다. 또한 아랍 대부분의 나라는 자본주의 나라이지만 아직도 왕족이 부를 독점하는 독재체제를 유지하고 있는 나라들도 있다.

민주주의는 오늘도 계속해서 발전하고 있다. 민주주의의 발자취를 이 책을 통해서 살펴보도록 하자.

민주주의라는 쉬운 말

현대 사회에서 민주주의처럼 자주 듣는 말은 많지 않다. 민주주의는 한자를 풀면 아주 쉬운 말이다. 민(民), 즉 국민이 주(主), 즉 주인인 주장을 나타낸 말이다. 의미를 포괄적으로 보면 민주주의 국가에서는 국민 개개인이 국가의 주인이라는 뜻이다. 가게 주인은 가게를 운영하고 국가의 주인은 국가를 운영한다. 민주주의 국가에서는 일정한 자격을 가진 국민들이 모든 것을 결정한다. 국가의 중요한 사안에 대해 함께 모여 토론하고 투표에 부친다. 이것이 직접민주주의이다.

직접민주주의는 고대 그리스 시대에 실제로 존재했다. 시민(노예나 여자가 아닌)은 도시의 광장인 아크로폴리스에 모여 신에게 제사를 지내고, 아고라에 모여 국가의 중요 사안을 토론하고 결정했다. 시민의 대표자는 권력이 있는 자가 아니었다. 시민의 대표자라는 직업은 반대로 피곤하고 성가신 것이었다. 토론을 기록하고 정리하여 시민들에게 알려주는 역할을 맡았다. 대표자가 된다는 것은 심부름꾼이 된다

> ## 아크로폴리스는 뭐지?

아크로폴리스의 현재 모습과 아크로폴리스 복원도.

아크로폴리스(Acropolis)는 아크로(높은)와 폴리스(도시)의 합성어로 '높은 곳의 도시'라는 뜻이다. 그곳에는 신에게 제사를 지내는 신전이 있고, 그 앞에는 광장이 있다. 도시국가들마다 각각의 아크로폴리스가 있었지만, 아테네의 아크로폴리스가 가장 잘 알려져 있다. 아테네의 아크로폴리스에는 유명한 파르테논 신전이 있다.

는 의미였기 때문에 대표자가 되기 위해 다투지 않았다. 오히려 순번으로 돌아오는 대표자 역할을 맡지 않으려고 꼼수를 부렸다. 부자들은 대가를 주고 다른 사람에게 그 자리를 넘기려 했고, 그것이 발각되면 치졸한 인간이라고 손가락질을 받았다.

   그럼 그리스 시대에 왕은 존재하지 않았을까? 왕과 귀족이 있었지만, 혜택보다는 의무가 더 많았다. 왕은 신에게 제사를 지내는 의무, 전쟁이 나면 맨 앞에서 싸울 의무가 있었다. 전쟁에서 왕과 귀족, 그의

아고라의 현재 모습과 아고라 복원도.

아고라는 고대 그리스의 도시국가에 존재했던 토론광장이다. 자유민인 성인 남성은 아고라에 모여 국가의 중요 사안에 대해 왕과 의회의 의견을 경청하고, 자신들의 의견을 개진했다. 이곳에서 전쟁이 승인되면 모두가 국방의 의무를 져야 했다. 전쟁과 같은 중요 사안뿐만 아니라 운동, 예술, 정치 등에 대해서 토론을 벌이기도 하였다. 아테네의 아고라가 가장 유명하며, 도시의 중심부에 건축된 아고라는 사방 수백 미터에 이르는 웅장한 모습이었다. 현재는 연단과 관중석의 계단, 기둥 등의 흔적만이 남아 있다. 아테네인들은 아고라의 존재를 자랑스럽게 여겼다.

가족이 먼저 죽었다. 왕은 국민 위에 군림하지 않았다. 국민의 신임을 받지 못하면 국가에서 쫓겨나는 경우도 있었다. 이처럼 인류의 역사 속에서 보기 드문 정치 체제를 가진 나라가 고대 그리스였다.

왕은 있었으나 권리만큼 의무가 있었고, 시민이 직접 국가의 중요한 일을 결정하는 놀라운 제도를 지니고 있었다. 어떻게 그것이 가능

직접민주주의가 고대 그리스에만 존재했던 것은 아니다. 작은 공동체 속에서 집단의 토론을 통해 공동체의 중요한 일을 결정하는 제도는 지구촌 곳곳에 존재했다. 미국의 저명한 인류학자인 루이스 헨리 모건(Lewis Henry Morgan)의 책 《고대사회(Ancient Society)》에는 아메리카 인디언이나 아시아의 고대사회에 그리스와 유사한 제도가 존재했다는 사실을 보여주고 있다. 그들은 그 제도를 아메리카 대륙에 백인이 들어올 때까지 유지하고 있었다. 그들은 부족의 중요한 사안에 대해 집단적으로 결정하는 지혜를 가지고 있었고, 각 부족의 대표가 돌아가면서 전체 부족(수천 명에서 수만 명)의 대표를 맡았다. 각 부족의 대표는 부족 구성원 위에 군림하는 것이 아니라 부족원의 갈등을 해결하고 화합을 도모하는 의무를 지녔다. 그런 의무에 대해 부족원의 존경과 신뢰를 받았다. 대표(흔히 말하는 '추장')는 외부 세력과의 전쟁에서 앞장서서 싸워야 했다.

이처럼 지구촌 곳곳의 고대사회는 현재의 관점에서 봐도 놀라운 민주주의 제도가 있었다. 그리스의 직접민주주의가 현대 민주주의의 기원으로 간주되는 이유는 그 기록이 남아 있기 때문일 것이다. 또한 현대의 민주주의 제도가 유럽을 기원으로 전 지구상으로 퍼져나갔기 때문에 당연히 그리스를 떠올릴 수밖에 없다.

콜로세움

인류의 위대한 문화유산이라고 칭송받지만, 민주주의라는 관점에 바라보면 잔인한 폭정의 흔적이기도 하다.

했을까? 먼저 그리스는 작은 도시국가들로 나뉘어져 있었다. 인구는 수천에서 수만 명을 넘지 않았다. 그리스의 직접민주주의는 소규모의 인구를 가지고 있었기에 실현가능한 제도였다. 그러나 고대 그리스 시대의 직접민주주의에도 허점이 있었다. 여자와 노예는 직접민주주의 제도에서 배제되었다. 여자와 노예를 열등한 존재로 여겼던 것이다. 그럼에도 불구하고 고대 그리스의 직접민주주의 제도는 현대 민주주의의 기원이 되었다.

고대 그리스가 멸망하고, 고대 그리스의 정신은 로마제국으로 계승되었다. 로마는 거대한 제국이었다. 이탈리아 반도, 북아프리카, 아랍의 일부, 유럽의 서남부를 통치하는 로마는 황제의 권력에 의존할 수밖에 없었다. 황제는 자신에게 충성하는 총독을 파견하고, 총독은 그 지역의 왕을 통하여 민심을 통제하는 수직적인 구조였다. 왕궁이나 콜로세움(원형경기장) 같은 거대한 건축물을 만들기 위해서는 많은 노예가 필요했다. 노예 중의 일부는 콜로세움에서 죽을 때까지 싸워야 했고, 로마의 황제와 귀족, 시민은 죽음의 경기를 관람하면서 환호했다. 이렇게 사회는 계급이 명확하게 나뉘었다. 당연히 민주주의 제도는 존재할 수 없었다.

황제의 폭정이 심해지자 로마제국에서도 고대 그리스의 민주주의 제도에 대해 관심을 갖는 사람들이 생겨났다. 그 제도는 귀족평의회였다. 귀족 중에서 몇 명을 선출하여 그들이 국정의 중요한 일을 결정하기에 이르렀다. 그들은 황제의 독단적 횡포를 막는 역할을 하였

공화국이 뭐지?

공화국은 주권이 황제나 독재자가 아니라 국민에게 있다는 뜻이다. 공화국의 어원은 라틴어 'Res publica(공공의 것)'이고 흔히 '국민의 것'이라는 의미로 사용된다. 대한민국의 영어 명칭은 Republic of Korea이다. 즉, 국민에 의해 통치되는 나라라는 뜻이다.

공화국은 여러 정부형태를 띠고 있다. 대한민국과 미국은 대통령중심제이고, 독일은 국회에서 선출된 수상(총리)이 국정을 이끄는 내각중심제이다. 프랑스는 대통령중심제이면서 총리를 두고 있는데, 이때 총리의 권한은 제한적이다. 반대로 내각중심제를 채택한 국가에서 대통령을 두기도 하는데, 이때는 수상이 대부분의 권한을 갖고 대통령은 형식적인 역할만을 수행하게 된다.

영국과 일본은 공화국인가?

영국과 일본은 공화국이 아니다. 왕이 있는 나라는 군주국이라고 부른다. 군주국은 헌법에 의해 통치되는 영국, 일본 등의 입헌군주국과 종교나 왕의 권위를 기반으로 통치되는 사우디아라비아 등의 군주국으로 나뉜다. 군주국의 경우 왕이나 군주의 권력이 절대적인 반면, 입헌군주국의 경우 헌법을 통해 왕이나 군주의 권력을 제한한다.

다. 그러나 귀족평의회는 귀족들만의 회의에서 선출되었고, 시민은 그 과정에서 배제되었다. 그리고 시민의 심부름꾼이었던 그리스의 대표자와는 달리 귀족평의회는 황제를 대신하여 시민을 통치했다.

공화국과 입헌군주국 중 어느 것이 더 민주적일까?

그것은 각 나라의 상황에 맞게 발전한 것이기 때문에 무엇이 우월하다고 할 수 없다. 공화국을 표방하지만 '독재정치'를 하는 나라도 있고, 입헌군주국이라고 말하지만, 실상은 왕이 절대 권력을 휘두르는 나라도 있다. 그들은 외형적으로는 민주주의 국가를 표방하지만, 내용은 그렇지 않다. 반대로 인자한 왕을 만나 국민소득은 높지 않지만, 평안한 삶을 영위하는 나라도 있다. 부탄이 대표적이다. 민주주의의 외형은 각 나라의 상황에 맞게 선택하는 것이고, 눈여겨보아야 할 점은 명칭이 아니라 내용, 즉 국민 개개인의 자유와 행복이다.

이렇듯 황제의 독재를 견제할 수는 있었으나 선출 과정과 내용은 시민 민주주의와는 거리가 멀었다. 또한 그리스처럼 아고라와 아크로폴리스에 모여 직접 국정을 토론하고 결정하는 제도는 아예 없었다. 이처럼 큰 한계를 지니고 있었지만, 황제의 통치가 아니라 다수의 대표자에 의한 통치라는 측면에서는 진일보한 제도였다. 로마는 로마제국에서 로마공화국으로 불리게 되었다. 명칭에서 보듯이, 제국은 황제의 나라라는 의미이고 공화국은 군주가 없는 공공의 통치를 하는 정치제도를 일컫는다.

크게 보면, 민주주의 제도는 고대 그리스의 직접민주주의와 고대 로마의 간접민주주의로 나뉜다. 현대의 국가는 왜 대부분 간접민주주의를 채택하고 있을까? 대표자에게 국민의 권력을 위임하는 것은 위험하지 않은가? 위임받은 사람들이 어떻게 변할지는 아무도 모른다. 정말 위험한 도박인 것이다. 그 사실을 알면서도 간접민주주의를 채택하는 이유는 국가가 거대하여 직접민주주의가 불가능하기 때문이다. 그 많은 국민이 모여서 토론할 장소가 없다. 그러나 그보다 더 중요한 이유는 효율성 면에서 떨어지기 때문이다. 국민 개개인은 먹고 살기 위하여 바쁘게 움직인다. 사사건건 국정에 참여할 시간이 없다. 그 많은 시간을 국정운영에 소비한다면 경제는 누가 움직이는가!

직접민주주의가 가능한 유럽의 소국들이 있다. 리히텐슈타인이나 산마리노 등은 인구가 2~3만 명 정도밖에 되지 않는다. 국토도 서울의 한 동만큼이나 작다. 마음만 먹는다면 직접민주주의를 실행할 수 있지만, 그 나라들도 총리와 국회의원을 뽑아 그들에게 국정을 맡기고 있다.

현대의 삶은 복잡하다. 한 나라의 행정과 경제, 국제관계 등이 복

투표하는 시민의 모습, 그리고 반장 선거의 모습.

세계 곳곳의 광장과 거리에서 민주주의를 외치는 시민들의 모습.

잡하게 얽혀 있고 그만큼 국가가 전문적으로 해결해야 할 일이 많다. 그런 이유로 간접민주주의는 어쩔 수 없는 현상이다. 이제 남은 과제는 최대한으로 국민을 위해 일할 대표자를 선택하고, 대표자들을 감시하는 국민의 노력이 되는 것이다.

민주주의의 올바른 이해

국민은 스스로 자신을 대표할 사람을 뽑았기 때문에 그 결과에 대해서도 책임을 져야한다. 대표자의 국정운영을 통하여 국민 개개인이 행복을 느낀다면 격려하고, 불행하다고 느낀다면 대표자들이 국민을 위해 일하도록 압력을 가해야 한다. 격려와 압력, 모두 국민 개개인의 권리이자 의무이기도 하다. 민주주의는 우리들의 생활 그 자체가 되었다. 민주주의를 실현하기 위해 노력하지 않으면 그 피해는 고스란히 개인에게 되돌아온다. 그것이 민주주의의 역설이다. 민주주의는 우리의 생활을 행복하게 만드는 제도이지만, 그만큼의 노력을 해야 한다는 뜻이다.

01

원시시대~
고대 그리스 로마까지

500만 년 전 ~ 기원전 700년

그럼 현대 민주주의의 모델이 되고 있는 고대 그리스 로마의 민주주의 제도가 성립되기 전까지 인류는 어떤 삶을 살았는지 살펴보자. 그리스 로마 이전까지의 인류의 삶은 민주주의라고는 눈곱만큼도 없는 무법천지였을까? 약육강식의 동물적 본능만이 존재했던 것일까?

01
원시시대(500만 년 전~1만 년 전)
-진정한(?) 민주주의 시대-

    우리의 편견과는 반대로 원시시대의 인류의 삶이 민주주의라고는 찾아볼 수 없는 상태는 아니었다. 반대로 가장 '민주적인' 사회였다고 할 수도 있다. 인류에게 민주주의라는 개념이 싹튼 동기는 불평등하고 억압적인 계급사회에 대한 저항이었다. 불평등과 억압이 나타나는 이유는 부 때문이다. 부가 없다면 굳이 더 많은 부를 갖기 위해 싸울 필요가 없었다. 권력 또한 부를 차지하기 위해 필요한 것이다.

    원시시대의 인류는 힘을 합하여 먹을 것을 찾고 사냥해야 생존할 수 있었다. 또 모두 나누어 먹어야 힘을 합쳐 다른 먹이를 찾거나 사냥할 수 있었던 것이다. 민주주의라는 말을 쓰지는 않았지만, 이 시기를 진정한 민주주의 시대로 부를 수 있다. 거친 자연과 난폭한 동물들에 맞서 생존하기 위해서는 힘을 합치고, 나누어 먹고, 같이 체온을 유지하며 자야 했다. 지배하는 자도 없고 복종하는 자도 없었다. 힘이 센 자와 약한 자는 있었겠지만, 계급이 분화된 것은 아니었다. 무리의

원시시대의 민주주의에 관한 우화

아프리카의 어느 초원에 수십여 명의 무리로 이루어진 인류의 집단이 있었다. 그들은 먹을 것이 부족했지만 힘을 합쳐 생존하고 있었다. 그중의 가장 건장하고 나이가 많은 통솔자가 있었다. 어느 날 문득 그는 이런 생각을 하게 되었다.

'가만 있어 봐. 이 무리에서 내가 가장 힘이 세잖아? 나는 궂은일을 앞장서서 하고 있어. 어린아이들을 맹수의 무리로부터 보호하고, 사냥을 할 때는 위험을 무릅쓰고, 잠을 잘 때는 가장 추운 곳에서 여자들을 보호하면서 자고 있어. 이렇게 고생을 하지만 도대체 나에게 돌아오는 게 뭐지? 나는 손해를 보고 있어.'

그는 자기가 취할 수 있는 이득이 뭔지를 곰곰이 생각해 보았다.

'그래 과일이나 동물의 고기를 내가 많이 먹는 거야. 그리고 다른 사람의 몫을 보관해야지.'

그는 힘을 이용하여 다른 사람의 몫을 빼앗아 배가 터지도록 먹고, 일부는 남겨두었다. 보관할 곳이 없었다. 그릇도 없을뿐더러 먹잇감을 찾아 이동해야 했기에 나뭇잎 아래에 숨겨두었다. 그는 음식에 손을 대는 사람은 죽여버리겠다고 겁을 주었다. 그들은 다시 사냥을 떠났다. 그러나 한꺼번에 너무 많이 먹은 그는 설사를 했고, 그 때문에 사냥을 할 수가 없었다. 돌아와 보니 숨겨놓은 과일과 고기는 다른 짐승들이 먹어버리고 나머지는 썩어버렸다. 배고픔을 견디지 못한 무리는 더 이상 채집과 사냥에 나서지 못했고, 무리 전체는 굶주리는 운명에 처했다. 화가 난 무리는 통솔자를 죽여버렸다. 다음으로 힘이 세고 건장한 자가 통솔자가 되었으나 그런 일은 벌어지지 않았다. 한 사람의 욕심이 모두의 목숨을 위협하고 있음을 깨닫게 된 것이다. 그들은 운명공동체였던 것이다. 같이 살거나 같이 죽을 수밖에 없었다.

통솔자는 있었겠지만, 무리의 생존을 위해서 필요한 존재였을 뿐이었다. 그가 통솔자라고 하여 더 많이 가질 것이 없었다.

이처럼 원시시대에는 민주주의라는 개념은 없었으나 자연스럽게 민주주의적인 삶이 이루어졌다. 어쩌면 민주주의라는 말은 어려운 개념이 아니라 자연스러운 것으로 순리에 맞는 생활을 하는 것일지도 모른다.

구석기~철기시대까지
-계급의 발생과 제한적 민주주의-

인류가 석기를 사용하여 채집과 사냥을 하면서 수확물이 늘어났다. 굶주림이 사라지자 인구도 늘어나게 되었다. 한 무리의 수는 점점 많아져서 수십 명에서 수백 명에 이르게 되었다. 무리는 분화되어 작은 무리로 나누어졌고 그 무리의 통솔자와 전체 통솔자가 생겨났다. 계급의 분화가 생기기 시작했다. 하지만 아직까지는 자연스런 민주주의적인 삶을 영위했다. 수확량은 많아졌지만, 인구를 유지하기 위해 식량을 나누어야 했고, 통솔자가 더 많이 가질 정도의 수확량은 없었기 때문이다.

기원전 6000년 경, 신석기 시대에 인류가 농사를 짓기 시작하면서 수확량은 기하급수적으로 늘어났다. 날카롭게 깬 돌을 이용하여 땅을 파서 곡식을 파종하고, 돌칼을 이용하여 수확을 했으며, 곡식을 돌로 갈아 말리는 기술을 터득하게 되었다. 이제 많은 인구가 먹어도 남을만한 수확량이 생기기 시작했다. 곡식을 보관할 토기가 만들어지고 눈비를 맞지 않을 움막을 만드는 기술을 갖게 되었다. 자연스럽게 무리의 통솔자는 더 많은 것을 갖고 싶어 했다.

이렇게 본격적으로 계급이 나타나기 시작했다. 재산의 소유 여부, 재산의 양에 따라 계급이 나뉘니 누구나 재산을 갖기 위해 노력하고, 노력으로 불가능하면 싸웠다. 싸움이 일어나니 지키는 사람이 필요했고, 지키는 사람에게 수확량을 나누어주고 자신의 '부하'로 고용하기에 이르렀다. 그러나 신석기 시대의 계급은 복잡한 구조가 아니었다. 부족장과 그 아래의 심복들, 나머지는 모두 평민이었고 노예라는 신분은 없었다.

신석기 시대의 민주주의에 대한 우화

한 무리의 부족이 강가의 비옥한 땅에 정착해 살던 어느 해, 가뭄과 홍수도 없고 날씨도 좋아서 풍작을 맞이했다. 무리의 통솔자는 수확한 곡식을 보자 욕심이 생겼다.

'음, 세상 살기 편해지는군. 이전에는 먹이를 찾아 헤매고 다녀야 했는데, 이렇게 한곳에 따뜻한 움막을 짓고 살고, 씨앗을 뿌려 농사를 지으니 참 좋네. 그런데 저 곡식을 내가 가지면 안 될까? 아니야. 우리 부족이 한겨울을 견딜 곡식이야. 이전에는 겨울에도 사냥을 했지만, 이제 농사에 익숙해지니까 사냥은 점점 어렵단 말이야. 내가 저 곡식을 다 가지면 부족들이 들고 일어나겠지. 그건 안 돼.'

그렇게 포기를 할 즈음, 한 가지 묘수가 떠올랐다.

'음, 이렇게 하면 어떨까? 힘이 센 몇 명에게 곡식을 지켜달라고 하는 거야. 그 대가로 조금 나누어준다고 하면 되겠지. 그렇지만 그런 사람이 있을까? 화를 낼 게 뻔해. 밑져야 본전이니까 한번 말이나 해보자.'

그렇게 하여 그는 몇 명의 힘센 사내에게 자신의 의중을 비추었다. 그들은 잠시 생각해보겠다고 했다.

'음, 부족을 배신하라는 말이지. 왠지 양심에 걸리는 걸. 하지만 내가 하지 않아도 다른 놈이 그 자리를 차지하겠지. 그럼 내가 하지 뭐. 어차피 누군가는 곡식 창고를 지켜야 할 테니까. 이건 어쩔 수 없는 일이야. 세상이 그렇게 흘러가는데 나만 부족 전체를 생각한다고 문제가 해결되겠어.'

한 사람만 그렇게 생각하는 것이 아니었다. 제안을 받은 사내들이 모두 통솔자의 말을 받아들였다. 그렇게 하여 초기의 계급 분화가 일어났다. 통솔자는 식량을 조금씩 나누어주는 대가로 부족의 식량을 자기 것으로 만들 수 있었다. 그는 부족이 굶어죽지 않도록 식량을 나누어주는 선심을 쓰면서 자기에게 복종하도록 하였다.

부족의 구성원들은 뭔가 이상하다고 느꼈다. 이전에는 공동으로 경작하고 수확하여 나누어 먹는 것이 당연했는데, 이제 그 당연한 권리가 복종하고 얻어먹는 식으로 바뀐 것이었다. 다음 해에도 그런 일이 벌어졌다. 그러다 보니 복종에 익숙해지게 되었다. 반발하면 통솔자의 부하들에 의해 추방당하거나 죽임을 당했다. 당연했던 민주주의적인 생활은 계급의 형성과 더불어 변질되어 갔다. 이 변화에 가장 중요한 역할을 한 것은 생산량의 증가였다. 생산량이 증가되면 더 행복하게 살 줄 알았지만, 반대로 독점과 배고픔이 더 심해졌던 것이다.

청동기, 철기 시대를 거치면서 더욱 더 생산량이 늘어났다. 부족장의 부는 더 많이 축적되었지만 욕심은 거기에서 끝나지 않았다. 욕심은 끝이 없는 것이다. 하나를 가지면 둘을 갖고 싶고, 둘을 가지면 셋을 가지고 싶어 한다. 부족장은 부족민을 이끌고 이웃 부족을 정복했다. 부족장은 넓은 영토와 인구를 소유하게 되었고, 자신을 왕이라고 칭했다. 계급은 복잡하게 분화되었다. 왕, 귀족, 군대, 평민, 노예가 생겨났다. 고대국가는 지구상 도처에서 발생했다. 그중에서 가장 유명한 고대국가는 4대 문명지에 터를 잡았다. 4대 문명은 황하(중국), 인더스(인도), 메소포타미아(시리아), 이집트였다. 고대국가의 왕은 신과 동격이었다. 왕의 말 한마디로 모든 것이 가능했다. 고대의 왕궁과 신전의 건축이 가능했던 것은 죽을 때까지 일했던 노예들이 있었기 때문이었다. 수확량이 늘어나고 문명이 발전하면 할수록 민주주의는 전제주의로 변하는 역설적인 상황이 전개되었다.

이집트의 피라미드와 메소포타미아의 신전이다.
이런 거대한 건축물을 세우기 위해 많은 노예들이 동원되었고 희생당했다.

그럼 민주주의를 위해서는
모두가 '원시시대'로 돌아가야 하는 것일까?

누군가는 이런 의문을 가질 것이다. 이렇게 민주주의는 '하향평준화'를 의미하는 것일까? 이 말은 고대국가의 왕과 귀족이 백성과 노예에게 했던 말과 유사하다. '내가 너희들을 먹여 살리고 있다. 최소한 잠자리와 굶어 죽지 않을 식량은 주지 않느냐? 나에게 감사하라. 원시시대였다면 너희들은 집도 음식도 없이 야생의 벌판에서 굶어죽었을 것이다.'

그리고 이런 논리는 현대에도 유행하고 있다. 세계에는 아직도 왕이 부를 독점하는 나라, 몇 명의 재벌이 국가의 부 90% 이상을 소유하는 나라들이 있다. 그 국가의 국민들은 불평등한 부의 구조를 바꾸라고 요구한다. 이때 똑같은 논리가 적용된다. 카타르 왕족의 예를 들어보자.

'민주주의가 모두가 평등한 체제를 의미하는 것은 아니다. 우리는 석유를 개발 판매한 돈으로 너희들에게 집과 직장을 주고 있다. 먹고 살만하지 않느냐? 또 월드컵을 유치해서 볼거리를 제공해주지 않느냐? 카타르 국민이라는 것이 자랑스럽지 않느냐? 불과 몇십 년 전을 생각해보라. 농사도 지을 수 없는 땅에서 모두가 굶주리고 살지 않았느냐? 그것이 평등이고 민주주의라면 그 시절로 돌아가라. 굶으면서 실컷 민주주의를 즐겨라.'

이렇게 말이다. 민주주의와 경제적 풍요로움이 언제나 조화를 이루며 발전하는 것은 아니다. 그로 인해 경제발전이냐 민주주의냐는 딜레마가 발생하기도 한다. 이 딜레마를 해결하는 방법은 모두가 평등하지만 가난했던 시절로 돌아가는 것이 아니라, 경제적 발전과 함께 민주주의를 유지하기 위해 노력을 기울이는 것이어야 한다.

고대 그리스
-직접민주주의의 부활과 제도화-

　인류의 역사는 돌고 돈다. 꼭 일직선상으로만 발전하는 것은 아니다. 원시시대의 민주주의는 왕과 귀족의 이익만을 취하는 전제정치로 퇴보했다. 민주주의를 만회하려는 시도가 나타났으나 대부분 노예나 평민의 패배로 끝났다. 원시시대의 민주주의는 기원전 500년경 그리스에서 다시 태어났다. 이 또한 자연스럽게 하늘에서 뚝 떨어진 제도가 아니었다. 끊임없이 나타났던 소규모의 요구와 투쟁의 결실이었다. 말하자면, 고대 그리스 사람들은 원래 착해서, 아무도 권력에 욕심이 없어서 민주주의 제도를 만든 것이 아니었다는 말이다. 기원전 500년경, 그리스에 민주주의 제도가 정착되기까지는 아주 긴 시간과 노력이 필요했다.

　고대 그리스의 역사는 기원전 3000여 년 전까지 거슬러 올라간다. 지중해의 에게해를 중심으로 바다에 산재한 섬과 그리스 본토 등을 거점으로 다양한 문명과 고대국가가 형성되었다. 미케네 문명, 크레타 문명이 이 시기에 태동했다. 이 문명들을 통틀어 '에게 문명'이라고 일컫는다. 그렇게 부르는 이유는 그리스 주변의 바다 명칭이 에게해이기 때문이다.

에게 문명이 멸망하고 지중해 문명의 중심지는 그리스로 이동했다. 넓은 의미로, 고대 그리스 문명은 에게 문명 전체를 아우른다. 고대 그리스는 작은 도시국가로 분할되어 있었다. 그중에 가장 번성한 도시국가는 아테네였다.

기원전 507년, 아테네의 지도자 클레이스테네스(Cleisthenes)는 혁신적인 제도를 만들기에 이르렀다. 그 제도는 어느 날 갑자기 창안한 것이 아니라, 숱한 우여곡절 속에서 만들어졌다. 아테네의 시민들은 시민으로서의 자긍심이 드높았다. 그들은 도시국가가 한 사람과 집단에 의해 좌지우지되는 것을 용납하지 않았다. 처음에 도시의 인구가 소규모였을 때는 제도적인 장치가 필요하지 않았다. 지도자와 시민은 언제 어디서나 쉽게 만나 도시의 중요한 사안을 결정할 수 있었기 때문이다.

하지만 아테네의 규모는 점점 커졌다. 지중해 무역의 중심지가 된 아테네는 부유한 도시가 되었고, 자연스럽게 인구는 늘어났다. 또 주변 지역에 아테네로 이주하는 사람들이 증가했다. 사기, 범죄가 빈번하게 발생했다. 이권을 독차지하는 편법이 늘어났다. 이제 단순한 방식으로 국가를 운영할 수는 없었다. 그 이유로 아테네의 정치제도를 전문적으로 구축할 필요가 생겼다. 이에 클레이스테네스는 새로운 정치제도를 만들고 이를 '데모크라티아(Demokratia)'라고 이름지었다. 데

모크라티아는 '국민에 의한 통치'라는 의미로 인류 역사상 처음으로 만들어진 제도로서의 민주주의였다. 그 이전에 원시시대의 인류는 자연스럽게 민주주의적인 생활을 했으나 제도로 만들 필요는 느끼지 못했다. 왜냐하면, 삶 자체가 민주주의였고, 그렇게 하지 않으면 공멸한다는 것을 알았기 때문이다. 즉, 인류는 그 이후의 계급의 분화와 전제정치의 경험 속에서 그것을 제도화할 필요를 느꼈던 것이다. 경제적 풍요라는 것이 인간을 이롭게 하기도 하지만 방심하면 인간을 구속한다는 사실을 깨달았던 것이다.

아테네인들은 열띤 토론을 통하여 아테네의 영광을 지속시킬 제도를 만들기에 이르렀다. 데모크라티아는 크게 세 개의 독립기관으로 구성되었다. 법을 제정하고 외교를 담당하는 에클레시아(Ekklesia), 아테네 10개 부족의 대표 협의회인 보울(Boule), 피고인의 유죄와 무죄를 가리기 위해 배심원들 앞에서 시민들이 논쟁을 벌였던 대중 법원인 디카스테리아(Dikasteria)였다. 그와 더불어 아고라나 아크로폴리스의 행사에서 행해지던 시민의 자유토론은 정규 제도 속으로 포용되었다. 그곳에서는 여전히 사사로운 문제에 대한 토론을 할 수 있었다.

에클레시아(ecclesia, 민회)

에클레시아는 고대 그리스 직접민주주의의 위용을 보여주는 제도였다. 어떻게 이런 상상을 할 수 있었는지 감탄사가 나올 뿐이다. 에

에클레시아가 개최되었던 곳의 현재 모습, 그리고 에클레시아에 모여 있는 그리스인들 그림(19세기)

클레시아는 아크로폴리스 서쪽 언덕에서 이루어졌다. 매년 40회, 한 달에 서너 번 꼴로 열리는 에클레시아 회의에는 무려 4만 명의 아테네 성인 남성 시민들이 참여했다. 그러나 매회 4만 명의 인원이 참석한 것은 아니었다. 그것은 비효율적이었다. 도시의 국방, 상업, 농업 활동은 사시사철 이루어져야 했다. 그 이유로 에클레시아 의회 회기마다 약 5천 명의 남성만이 참석했다. 에클레시아는 타국과의 전쟁과 중요한 외교정책에 관한 결정을 내리고, 새로운 법을 만들고 기존의 법을 개정하는 것을 승인했다. 또 행정공무원의 잘못된 행위를 고발하고 규탄했으며 중차대한 부패에 대해서는 파면을 하고 법정에 세웠다. 에클레시아는 자유토론을 하고, 마지막으로 표결을 했다. 다수결의 원칙에 따라 패자도 그 결정을 따라야 했다.

보울(Boule)이 열린 아레오파고스의 현재 모습과 복원도.

보울(Boule, 500인회)

두 번째 중요한 기관은 보울, 즉 민주주의의 자문, 감시기관인 500평의회(국회)였다. 에클레시아가 시민의 참여를 정기적으로 보장하는 직접민주주의였다면 보울은 아테네의 행정과 외교에 대한 상시적인 심의, 감시, 결정을 하는 곳이었다. 매일 수천 명이 모여 회의를 할 수는 없었던 것이다. 이는 직접민주주의를 보완하는 형태였다. 보울은 아테네 10개 부족에서 각각 50명씩 모두 500명으로 구성되었으며 임기는 1년이었다. 에클레시아와는 달리 보울의 의원들은 매일 만나 그날그날 곧바로 결정해야 하는 업무를 진행했다. 그들은 조를 나누어 관공서를 감독하고 군대를 시찰했으며, 외국에서 오는 대표자들을 만나 외교적인 사안을 협의했다. 또 일부는 도시 곳곳의 문제점을 파악하고 그 사안을 안건에 붙였다. 보울에서 독단적으로 해결할 수 있는 문제는 곧바로 관공서에 지시를 하고, 아주 중요한 사안일 경우에는 에클레시아의 대중 토론에 안건으로 상정하는 임무를 수행했다.

보울 의원의 자리는 놀랍게도 선거가 아닌 추첨으로 뽑았다. 그리스인들이 생각하기에는 추첨이 선거보다 더 민주적이었기 때문이다. 선거는 능력과 인성보다 외관과 달변에 의해 좌지우지되곤 한다. 의원의 자리를 이용하여 사리사욕을 취하는 자들은 그런 방식으로 대중을 속이기도 한다. 추첨은 모든 시민들에게 평등한 권리를 보장했다.

놀라운 그리스의 민주주의-의원이 봉사하는 자리야?

추첨으로 보울 의원을 뽑은 이유는 추첨이 선거보다 민주적이라는 관점 때문만은 아니다. 그보다 더 중요한 사실은 보울의 의원들에게 국가를 위해 봉사한다는 것 이외에 별다른 권력이 주어지지 않았다는 것이다. 급료로는 점심을 먹을 수 있는 소액의 봉사료만 지급되었다. 권력의 자리가 아니라 순수하게 봉사하는 자리였기에 굳이 손을 걷어 부치고 나서는 사람이 없었다. 특히 부유한 자들은 그 시간에 다른 일을 하기를 원했다. 때로는 추첨으로 당선되었을 때 다른 사람에게 돈을 주고 대신 그 역할을 맡기기도 하였다. 이처럼 보울은 이익을 취할 수 없는 봉사라는 의미가 강했기 때문에 추첨을 통하여 모든 시민들에게 의무를 할당하는 방법을 선택했던 것이다.

디카스테리아(Dikasteria, 법원)

　세 번째 그리스 민주주의의 제도는 디카스테리아, 즉 법원이었다. 법원은 매일 수십 건의 범법 행위를 판결했는데, 놀랍게도 판사가 최종 결정을 하지 않았다. 죄의 유무나 형량을 판결하는 사람들은 배심원들이었다. 법원은 매일 500여 명의 배심원들을 필요로 했다. 디카스테리아의 배심원들은 보울의 의원들처럼 추첨으로 뽑혔다. 아테네의 30세 이상의 남성은 누구나 한번 이상 배심원으로 참여할 권리가 있었지만 추첨으로 뽑힌다고 해도 강제적인 사안은 아니었다. 바쁘거나 내키지 않으면 거절할 수 있었다. 배심원들은 판결을 내리기 전에 검찰 측과 변호인 측의 의견을 들었다. 그 다음 배심원들끼리의 토론이 길게 이어졌다. 최종적인 판결은 배심원의 다수결로 이루어졌다. 먼저 죄의 유무를 가리고, 유죄가 결정된 다음에는 어떤 형량을 내릴 것인

법정에 선 소크라테스의 그림이다. 이 그림을 통해 법정, 즉 디카스테리아의 모습을 유추할 수 있을 것이다.

지를 결정했다.

고대 그리스의 철학자인 아리스토텔레스는 모든 민주주의 제도 중에서 디카스테리아가 가장 민주주의적이라고 극찬했다. 어느 나라

사회 복지제도로서의 배심원제도

배심원은 가난한 자와 부자를 막론하고 누구에게나 열려 있었다. 그들은 법원으로 출근해서 일당을 받았다. 그러나 그 임금이 보통의 노동자들이 하루에 버는 것보다 적었다. 그래서 젊은이들은 배심원을 하기보다는 노동을 하는 쪽을 택했다. 자연스럽게 배심원은 은퇴한 노인들이 차지하게 되었다. 그들은 인생 경험이 많기 때문에 조금 더 지혜롭게 법을 적용할 수 있었다. 그럼 적은 금액이라고 하더라도 하루 500여 명의 임금은 어디서 나왔던 것일까? 아테네는 시민들에게 세금을 부과하지 않았다. 수입 무역품에 대한 관세가 세금의 전부였다. 정부조직이 비대하지 않았고, 에클레시아의 의원들조차 국가에 봉사를 하는 구조를 지니고 있었기 때문에 가능한 일이었다. 그렇다고 하더라도 국가의 운영에는 많은 돈이 필요했다. 아테네에는 부자들에게 부과하는 기부제도가 있었다. 부자들은 기부의 형식으로 국가에 세금을 납부했는데, 그 행위를 당연한 것으로 받아들였다. 이 기부금(세금)은 군대를 운영하고 도시의 축제를 여는데 사용했으며, 야외극장에서 시민을 위해 상연되는 연극과 공연의 제작비용으로 사용되었다. 또 배심원으로 나오는 노인들에게 급여를 주는데 쓰였다. 부자들은 자신들만 내는 이 '세금'을 도시공동체를 위해 당연히 내야하는 것으로 받아들였다. 도시가 마비되면 그들의 부도 사라지게 된다는 것을 잘 알고 있었기 때문이고, 또한 그들의 부는 도시의 활력을 기반으로 만들어진 것이기도 했기 때문이다.

를 막론하고, 현대에도 죄의 유무는 판사가 단독적으로 결정하고 형벌을 내린다. 판사와 검찰은 막강한 권력을 행사한다. 배심원제도가 있기는 하지만 의견을 들어 참조할 뿐이다. 고대 그리스의 배심원제도는 법을 신중하게 집행하는 장치였다. 물론 배심원의 토론과 결정이 전적으로 옳을 수는 없다. 또한 현대의 법은 너무 복잡해서 배심원이 법을 적용하기는 힘들다. 법이 복잡하지 않았던 고대에나 어울리는 제도일 것이다. 어쨌든 배심원제도로 인하여 판사와 검사의 독단에 의해 억울한 일을 당할 확률이 낮아지는 것은 분명하다.

그리스 민주주의의 쇠퇴

기원전 460년 무렵, 그리스의 민주주의는 종말을 고했다. 전쟁영웅인 페리클레스(헤라클래스)가 출현했고, 점차 페리클레스에게 권력이 집중되기 시작했다. 권력의 집중은 시민들에게 착각을 불러일으켰다. 이전에는 복잡한 과정과 규칙으로 시간이 오래 걸렸던 국가의 운영이 그의 명령 하나로 일사분란하게 처리되었다. 아테네의 시민들은 국가의 업무가 효율적으로 진행된다고 느꼈다. 이로써 아테네의 직접민주주의는 제도화를 이룬 지 얼마 되지 않아 한 사람의 통치자와 그의 주변에 있는 몇몇 귀족의 지배로 변모하게 되었다. 민주주의의 비효율적인 면이 강조된 결과였다. 그 이후 그리스의 국운은 쇠퇴하고 결국 멸망의 길로 이른다.

그리스 민주주의의 성과와 한계

  고대 그리스의 민주주의는 직접민주주의였지만 여자와 노예, 그리고 시민권이 없는 외국인은 제외되었다. 최소한 인구의 절반 이상은 민주주의의 권리가 없었던 것이다. 또 직접민주주의가 가능했던 이유는 그리스가 작은 도시국가로 이루어져 있고 인구가 수만 명에 불과했기 때문이었다. 현재 그리스의 직접민주주의 제도의 흔적은 스위스에 남아 있다. 스위스는 간접민주주의를 채택하고 있지만 간간히 국가의 중요한 사안을 공론화하고 투표에 부친다. 이 투표의 결과는 법적인 효력을 갖고 있지는 않지만 국정에 반영된다.

  이렇게 아테네의 민주주의는 아고라의 태동으로부터 제도화까지 불과 2세기 동안만 살아남을 수 있었다. 클레이스테네스에 의해 제도화된 대중토론의 장인 에클레시아, 의회와 같은 역할을 담당했던 보울, 법정이었던 디카스테리아는 현대의 행정부, 입법부, 사법부와 같은 3권분립의 원형을 제공했다. 현대의 민주주의 국가는 대부분 삼권분립의 원칙을 따르고 있다.

04
고대 로마
-귀족 대표에 의한 간접민주주의-

고대 로마에도 현대 민주주의의 모태가 되는 원형이 존재했다. 그 형태는 바로 귀족공화정이었다. 공화정의 원래 의미는 군주 1인의 통치가 아니라 다수 국민의 대표자를 통한 통치제도를 말한다. 하지만 로마의 공화정은 국민 전체의 대표를 통한 공화정이 아니라 귀족들만의 대표를 통한 공화정이었다. 귀족회의에서 군주를 대신하는 대표를 뽑고 그 대표들이 국정을 운영했다. 이것이 문제가 되어 평민들의 불만이 커지자 점점 평민들의 대표도 공화정에 참여하게 되었다. 그리스는 시민에 의한 민주주의였고 로마는 귀족에 의한 민주주의였다고 할 수 있다(하지만 그 안에 포함되지 못한 사람들, 예를 들어서 여자, 노예들의 입장에서 봤을 때 남자들의 독재 또는 귀족들의 독재가 된다). 또한 그리스의 민주주의와 다른 점이 있다면 대표들의 권력이 그리스와는 달리 막강했다는 점이다. 그리스는 시민의 심부름꾼으로서 국가의 궂은일을 한다는 의미가 강했다. 가능하면 맡지 않으려고 했다. 로마의 대표는 권력의 자리였기 때문에 그 자리를 차지하기 위해 서로 경쟁하거나 암투를 벌였다. 이렇듯, 로마의 민주주의는 엄밀한 의미에서 민주주의적인 것은 아니었지만, 1인의 전제정치가 아니라 다수에 의한 정치라는 점에서는 민주주의의 발전에 기여하는 바가 컸다고 평가할 수 있다.

고대 로마의 역사

고대 로마는 기원전 800년 경, 이탈리아 반도의 중앙에 위치한 도시인 로마에서 발흥했다. 초기의 로마는 세력이 막강하지 않았으나 기독교를 국교로 받아들이면서 지중해의 연안은 물론, 아시아와 아프리카는 물론 유럽을 아우르는 제국으로 발전했다. 이후 로마제국은 동로마제국과 서로마제국으로 분열되었다. 서로마제국은 이탈리아의 로마를 중심으로 서유럽을 지배했고, 동로마제국은 튀르키예의 이스탄불을 중심으로 유럽의 동쪽 지역을 지배했다. 보통 로마제국은 서로마제국이 멸망한 기원후 476년까지를 일컫는다. 그러나 로마 문명의 영향력은 동로마제국이 멸망한 기원후 1453년까지 지속되었다.

로마 공화국의 탄생

기원전 800년 경, 왕국의 면모를 갖춘 로마는 지역의 소국에서 이탈리아 전역을 지배하게 되었다. 기원전 509년, 로마의 귀족들은

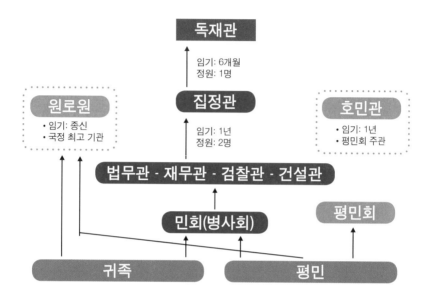

로마 공화정의 구조

루키우스 타르퀴니우스 수페르부스(Lucius Tarquinius Superbus) 왕을 폐위하고 다수에 의한 통치형태인 공화정을 실시하기에 이르렀다. 공화정의 체계는 중요하게 세 부분으로 나뉘었다. 집정관(Consulares, 행정을 집행하는 자들), 원로원(senatus, 행정을 자문하고 집정관을 견제하는 자들), 호민관(tribunus plebis, 평민의 대표자들) 제도가 그것이다.

집정관(Consulares)

집정관은 행정과 군대, 법을 장악하고 원로원의 임명과 민회를 소집하는 권한을 가졌다. 매해 1월 1일, 로마의 귀족회의는 10여 명의 귀족 후보자 중에서 최종적으로 2명을 뽑았다. 이를 직접집정관이라 불렀다. 직접집정관이 병이나 사망으로 업무를 수행할 수 없는 경우나 식민지의 총독으로 파견되는 경우를 대비하여 임기 중에 다시 선출을 하기도 했는데, 이를 보좌집정관이라 불렀다. 집정관의 임기는 1년이었고, 한 달씩 교대로 수장의 역할을 맡았다. 그러나 상대와의 합의가 없이는 중요한 사안에 대한 결정을 내리지 못하게 되어 있었다. 이는 상호견제 장치로 한 사람에게 권력이 집중되는 위험을 막기 위

왕정을 타도하고 공화정을 이룩하는 데 결정적으로 기여한 인물인 루키우스 유니우스 브루투스가 집정관으로 있었던 시대의 모습이다.

한 방법이었다. 국가의 비상사태 시에는 국정의 효율성을 위하여 한 사람에게 권력을 위임했으나 그 기간은 6개월로 한정되었다. 집정관은 임기가 끝나면 식민지의 총독이 되는 등 막강한 권력을 누릴 수 있었다.

원로원(senatus)

원로원의 본래 임무는 집정관의 자문역할을 하는 곳이었다. 은퇴한 집정관에게서 국정운영의 지혜를 얻기 위함이었다. 그러나 실제로는 집정관보다 더 많은 권력을 장악한 최고의 권력자라고 보아도 무방했다. 임기가 1년인 집정관과는 달리 원로원의 임기는 5년이었다.

로마의 원로원을 재현한 19세기 프레스코화.

원로원 의원은 민회에서 집정관보다 먼저 발언을 할 권리를 가졌고, 집정관의 의견을 반박하는 것은 물론 파기할 수 있는 권한까지도 가지고 있었다.

호민관(tribunus plebis)

호민관은 귀족 중심의 공화정에 불만을 가진 평민층의 불만을 누그러뜨리기 위한 민주주의 제도였다. 민회에서 평민 중에서 선출되었으며, 공화정 초기에는 2명이었으나 시간이 지날수록 평민의 정치 참여 요구가 분출되어 10명으로 늘어나게 되었다. 그들은 민회를 통해 법률을 제정할 수 있었고, 원로원의 결정 사항에 대해 거부권을 행사할 수 있었다. 또 집정관 출신들만이 가졌던 원로원의 후보 자격을 자신들에게도 부여했다.

이처럼 귀족의 정치독점에 반대하여 생긴 호민관 제도는 점점 귀족과 같은 특권을 누림으로써 귀족화되기에 이르렀다. 그 이유로 원로원과 집정관에 의해 주도되는 귀족정치를 심하게 공격하지 않게 되었다. 호민관의 본래 임무를 수행하려는 사람도 있었다. 그런 호민관은 귀족의 사주로 의문의 살인을 당하거나 누명을 쓰고 법정에 세워져 감옥에 가게 되었다. 호민관 제도는 변질되어 귀족과 야합하는 평민의 대표기관이 되고 말았다.

로마 공화정은 외형적으로는 민주주의 제도를 실현한 것 같다. 그

로마의 개혁을 이끌었던 호민관 가이우스 그라쿠스의 연설 모습.

러나 실제로는 왕과 귀족의 권력싸움의 산물이었다. 귀족들은 다수에 의한 통치라는 형식을 만들어 왕이 가졌던 권력을 나눠 가졌던 것이다. 결국 로마의 공화정은 귀족 중의 1인이 모든 권력을 장악하는 독재의 형태로 나아가게 된다.

고대 그리스와 로마의 민주주의의 형태는 현대 민주주의의 모태가 되었다. 토론, 선거, 다수결, 국민의 대표자, 삼권분립 등이 그것이다. 분명히 그리스 로마의 제도는 인류의 역사에서 빛나는 민주주의의 경험이다. 그러나 이것이 그리스 로마의 민주주의 제도가 최고였다는 것을 의미하지는 않는다. 우리는 유럽 중심의 역사 속에 살고 있고, 그런 이유로 유럽의 모델을 따르고 있다. 앞서 거론한 미국의 인류학자 루이스 헨리 모건(lewis Henry Morgan)은 자신의 책《고대사회(Ancent society)》에서 아메리카의 체로키 인디언들이나 아시아의 원주민들이 믿기 힘든 민주주의 제도를 가지고 있었다는 사실을 증명했다. 그들은 여러 작은 부족으로 나뉘어 있었는데, 각 부족은 회의를 통해 부족의 중요한 일을 결정하였으며, 각 부족의 대표가 전체부족의 대표를 돌아가면서 맡는 제도를 가지고 있었다. 그들의 대표는 권력자가 아니라 부족 간의 갈등을 조정하는 역할을 맡고 있었다.

민주주의에 대한 열망은 인류 보편의 감정이었던 것이다. 현대 민주주의는 서양으로부터 들여온 것이어서 그들의 원형인 그리스 로마의 제도를 따르고 있음을 알 수 있다. 그리스 시대에 만들어 놓은 행정부, 입법부, 사법부가 있으며, 이들 기관의 대표자 중 한 명이 나라 전체를 책임지고 있다. 그런데 그렇게 민주주의가 발전해서 현대에 이른 것 같지만 사실은 거의 1000년 동안 민주주의의 암흑기가 온다.

로마제국은 통치의 수단으로 기독교를 받아들였다. 기독교는 초기에는 제국을 단결시키는 구심점 역할을 했으나 점점 세력이 강해지면서 교황이 황제보다 우위에 있게 되었다. 기원후 476년, 로마제국이 멸망하고 작은 왕국으로 분열되었다. 마침내 교황은 황제의 권위를 무너뜨리고 작은 영주들에게 특혜를 주면서 교회의 권력으로 포섭하였다. 이제 기독교가 유럽을 지배했다. 기독교가 지배했던 이 시기로부터 르네상스 운동이 일어났던 14세기 말까지의 시기를 중세라 부른다. 중세의 유럽은 문명의 암흑기였다. 더불어 그리스 로마 시대에 잉태되었던 민주주의도 소멸되었다. 인간은 죄인이었기 때문에 지상에서 행복할 권리가 없는 존재였다. 오직 교회에 헌금을 내면서 천국에 가기 위해 기도해야 하는 존재였다. 설상가상으로 흑사병이 돌아 수백만 명이 죽고, 농경지는 황폐해졌다. 교황과 영주들은 하느님의 나라를 되찾는다는 구실로 이슬람 문화권과 십

중세의 마녀사냥과 관련된 그림이다. 마녀사냥은 중세시대에 행해진 대표적인 이권유린이었다. 교회는 권위를 유지하기 위해 민중들에게 공포심을 유발했다. 그들은 표적이 된 여자에게 사탄의 누명을 씌워 산 채로 화형에 처했다.

자군 전쟁을 일으켰다. 많은 사람들이 전쟁에 나가 죽거나 다쳤다.

이런 암울한 상황은 종교중심주의가 아니라 인간중심주의로 돌아가고 싶은 열망을 부추겼다. 그 운동이 바로 르네상스였다. 르네상스(renaissance)란 접두사 '다시(re)'에 명사 '출생(naissance)'이 합성된 단어로 '다시 태어남'을 뜻하는 프랑스어이다. 여기서 다시 태어난다는 말은 중세의 어둠을 헤치고 그리스의 인간중심주의로의 회귀를 뜻한다. 르네상스 운동은 미술과 건축, 문학에서 광범위하게 나타났다. 미켈란젤로, 라파엘로, 레오나르도 다빈치 등이 르네상스 시대의 예술가들이었다. 그러나 르네상스 운동은 인간중심주의의 핵심이라 할 수 있는 그리스 로마 시대의 민주주의 제도에 대해서는 무관심했다.

르네상스 시기가 끝나자 절대왕정의 시기가 찾아왔다. 중세의 신은 절대왕정 시기의 전제군주로 대체되었다. 민중의 자유와 권리라는 관점에서는 변한 것이 없었다.

18세기에 이르러 절대군주의 폭정은 절정에 달했고, 인류는 억압의 사슬을 끊기 위해 자유와 평등의 고대 민주주의를 다시 부활시키는 노력을 하기 시작했다. 18세기부터 21세기에 이르는 현대 민주주의의 정착 과정을 대륙별로 살펴보기로 한다.

02

유럽의 민주주의

고대 그리스 로마의
민주주의 제도가 다양하게 변주

그리스의 직접민주주의, 로마의 간접민주주의를 경험한 후, 1500여 년의 시간이 흐른 후에야 유럽에서는 민주주의의 맹아가 싹트기 시작했다. 중세, 르네상스, 절대왕정을 거친 후, 17세기 유럽 전역에서 계몽주의 사상이 태동했다. 계몽주의는 철학, 종교, 예술 전반에 걸쳐 광범위하게 일어났는데, 그 요지는 기존의 권위와 관습을 타파하고 인간의 이성으로 세계를 바라보고 변화시킬 수 있다는 믿음이었다. 계몽주의는 각 나라의 상황에 맞게 시간적인 차이를 두고 다양한 모습으로 나타났다. 첫 번째 변화를 주도한 나라는 프랑스였다.

01
프랑스
-대통령중심제의 공화국 형태-

　　프랑스 대혁명(French Revolution)은 1789년 5월 5일에서 1799년 11월 9일까지 프랑스에서 일어난 시민혁명으로 국가를 1인의 권력에서 국민의 권력으로 바꾸어 놓은 기념비적인 사건이다. 이후 벌어지

루이 16세의 학정에 분노한 시민들이 전제정치의 상징이자 무기고였던 바스티유 감옥을 공격, 해방했다. 이것이 프랑스 대혁명의 시작이었다. 왼쪽은 혁명기념일 포스터이다.

는 모든 나라의 혁명은 프랑스 대혁명의 영향을 받았다고 해도 과언이 아니다. 프랑스에서 대혁명 기념일은 7월 14일로 국경일이자 공휴일이다. 이날은 프랑스 대혁명의 발단이 된 바스티유 감옥 습격이 발생한 1789년 7월 14일을 기리기 위해서 제정되었다.

프랑스 대혁명의 원인

　루이 16세의 통치(1774 ~ 92)하에서 평민들의 삶은 피폐했다. 아무런 생산활동을 하지 않는 인구의 2%인 귀족과 성직자가 전체 토지의 40%를 독점하고 있었고, 상공업의 특권과 부를 쥐고 있었다. 인구의 98%인 평민(농민과 도시의 노동자)은 가난했을 뿐만 아니라, 무거운 세금에 시달렸다. 그들은 정치에 참여할 권리조차 없었다.

　이런 와중에 계몽주의 사상의 영향을 받은 신흥 시민계급이 등장했다. 그들은 의사, 변호사, 상공업 종사자로 '모든 사람은 평등하다.', '인간은 누구나 존중되어야 한다.'는 프랑스 계몽주의자인 장 자크 루소를 신봉했다. 그들은 평민들과 함께 불평등한 사회체제를 변혁하려고 노력했다. 이렇게 프랑스 대혁명은 평민과 신흥 시민계급이 왕과 귀족, 성직자에 대항해 일어났다.

빵을 달라

1787년 프랑스의 경제 상황은 절망적인 수준으로 악화되었다. 물가 폭등으로 민중의 불안이 증가했고 시위가 잇달았다. 설상가상으로 빵이 부족하여 굶주리는 지경에 이르렀다. 평민과 시민계급은 빵을 달라고 외쳤다. 사실인지 소문인지 확인할 수는 없지만 빵을 달라는 시민의 요구에 루이 16세가 '빵이 없으면 고기를 먹지 왜 그러지?'라고 웃었다고 한다. 이 에피소드는 지배자와 민중 간에 커다란 장벽이 존재했음을 말해준다.

루이 16세는 다급히 귀족과 성직자로 구성된 명사회(왕의 자문 기관)를 소집해 대책을 논의했다. 명사회는 근 100여 년 동안 열리지 않았다. 이는 1787년의 프랑스의 정치 경제 상황이 최악이었음을 알려

100년만에 열린 명사회의 모습.

주고 있다. 재무부 장관은 빵을 공급할 국가재정을 확보하기 위해 토지세 인상안을 제안했다. 귀족과 성직자들로 구성된 명사회는 토지세 인상을 반대했다. 토지의 대부분을 그들이 소유하고 있었기 때문이다. 반대로 명사회는 재무부 장관의 금융 비리를 들춰냈고, 루이 16세는 재무부 장관을 해임했다. 결국 국가재정을 확보하기 위해 채권을 발행하는 안만을 승인한 명사회는 성과 없이 해산하기에 이르렀다.

코뮌(commune)의 출현

1789년 7월 14일 아침, 이 소식을 들은 파리 민중은 분노했다. 그들은 폭정의 상징이자, 무기고로 쓰이고 있는 바스티유 감옥을 습격하였다. 이 습격의 성공은 바야흐로 프랑스 대혁명의 도화선이 되었다. 파리 시민들은 무기로 무장하고 파리 시내 곳곳을 점령하고 왕의 군대에 맞서 바리케이트를 세웠다. 그들은 해방구 안에서 스스로 자신들의 시장을 선출하고 민병대의 사령관을 임명하는 등 왕정을 배격하고 새로운 질서를 만들었다. 이것을 '파리 코뮌(commune, 평등한 공동체)'이라고 부른다.

루이 16세는 사태의 심각성을 알아차렸다. 무력으로 진압하기에는 파리 시민들의 단결과 저항이 만만치 않았기 때문이다. 그는 왕의 군대를 철수시키고 코뮌의 해산을 설득하며 이들을 압박했다. 그러나 이 혁명의 여파는 지방으로 확산되어 갔다. 지방 주요 도시에서 국민자치위원회와 국민자치방위대가 조직되었고, 정치범 수용소가 해방되었다. 루이 16세에 의해 임명되었던 지방의 시장이나 군사령관들은 저항하지 않고 혁명 세력에게 투항하거나 방임으로 일관했다. 이로써 국왕의 권력은 지방에서도 이미 존재하지 않게 되었다. 한 나라에 두 개의 정부가 대립하고 있었다. 지방의 도시들은 파리를 중심으로 상호 연맹을 맺고 협력하였다.

농민의 합세와 인권선언

도시의 봉기를 전해 들은 농민들도 혁명에 참여했다. 이들은 낫, 쇠스랑 등 농기구로 무장하여 영주의 성을 정복하고 지주들을 공격했다. 농민들은 자신들을 옭아매었던 농노문서를 불살랐다. 그동안 억눌렸던 욕구가 극단적으로 표출되었다.

국민의회는 1789년 8월 4일 봉건제 폐지를 선언하였다. 국민의회는 왕을 견제하기 위한 성직자, 귀족, 상공업자 등으로 구성되었고, 도시의 노동자나 농민은 배제되어 있었다. 국민의회가 봉건제 폐지를 선언한 배경은 일단 혁명적 상황을 수습하기 위해서였다. 봉건제는 성직자와 영주, 귀족이 토지를 소유하고 농민은 소작인이 되거나 노예로 일하는 사회체제였다. 국민의회의 선언 중 농노제 폐지는 진일보한 것이었으나 토지의 유상분배는 봉건제 폐지가 미봉책이었음을 말해주었다. 유상분배는 돈을 주고 토지를 사는 것이었기에, 자금이 없는 농

프랑스 인권선언에는 현대 민주주의의 모든 내용이 들어있다.

프랑스 대혁명의 인권선언의 내용은 자유 평등 박애의 정신을 담고 있다. 프랑스 국기의 삼색은 파랑 하양 빨강이다. 파랑은 자유, 하양은 평등, 빨강은 박애를 상징한다. 프랑스 인권선언은 새로운 사회질서의 원칙을 제시했다. 루소의 자연권 사상과 계몽주의 철학에서 영향을 받은 인권선언의 요지는 다음과 같다.

- 국가의 권력은 국민에게 있다.
- 모든 국민은 사상의 자유를 가진다.
- 모든 국민은 법 앞에 평등하다.
- 모든 국민은 재산을 소유할 권리, 투표의 권리를 갖는다.
- 모든 국민은 국가에 평등한 세금을 낸다.

프랑스 삼색 국기
파랑은 자유, 하양은 평등, 빨강은 박애를 상징한다.

민이나 농노에게는 말뿐인 선언이었다. 농민들은 외형적으로는 자유의 신분이 되었으나 땅을 소유할 능력이 없었기 때문에 '예속된 농노'에서 단지 '자유로운 농노'가 된 것이다.

1789년 8월 4일의 봉건제 폐지 선언 이후, 1789년 8월 26일 국민의회는 시민과 농민의 요구로 〈프랑스 인권선언문〉을 발표하기에 이르렀다. 모든 인간은 법 앞에 평등하다는 것을 밝힌 인류 최초의 선언문이었다.

루이 16세의 항복

루이 16세는 국민의회의 봉건제 폐지와 인권선언을 거부했다. 그는 군대를 베르사유 궁으로 이동시키고 혁명 세력과 대치했다. 파리를 비롯한 도시들은 해방되었다. 새로운 신문이 창간되어 자유 평등 박애의 정신을 드높이고, 국민의회는 왕정을 대신할 공화국의 헌법제정으로 바쁜 나날을 보냈다. 귀족들은 재산을 처분하고 외국으로 도망쳤다. 마침 밀 수확량이 감소하여 빵값이 천정부지로 치솟게 되자 시민들의 분노는 하늘을 찔렀다.

그런 와중에 베르사유 궁에서 호화로운 연회가 벌어지고 있다는 소식이 들려오자 파리 시민들은 베르사유 궁으로 행진을 하였다. 1789년 10월 5일에 벌어진 이 행진의 주도자들은 빵값 폭등에 절망한 어머니, 즉 여성들이었다. 20km가 넘는 행렬이 베르사유 궁으로

1789년 10월 5일 베르사유에서 있었던 여성 행진을 그린 현대 삽화.

향했다. 성난 군중을 보고 놀란 루이 16세는 인권선언을 받아들이며 이들을 달랬다. 군중은 루이 16세에게 파리의 튀틀리 궁으로 돌아올 것을 요구했다. 이때까지도 혁명 세력은 왕정 폐지를 요구하지는 않았다.

과도기적인 입헌군주제

　루이 16세는 파리로 돌아왔다. 이제 왕은 존재하지만 행정은 국민의회가 맡는 입헌군주제의 성격을 띠게 되었다. 국민의회는 다양한 개혁을 실시했지만 귀족과 교회의 반혁명 음모도 만만치 않았다.

1787년부터 1793년까지는 혁명 세력과 반혁명세력 사이에 끊임없는 대립이 있었다. 혁명은 프랑스만의 문제가 아니었다. 유럽의 모든 국가가 프랑스 혁명에 우려를 표명하고, 루이 16세를 물밑에서 지원하기에 이르렀다.

이런 상황 속에서 결정적인 사건이 발생했다. 루이 16세의 군대에 의해 수만 명의 시민이 학살을 당했던 것이다. 그때까지 감히 왕을 폐위하는 결단을 내리지 못했던 혁명 세력은 루이 16세를 체포하여 재판에 회부했다.

루이 16세의 처형과 공화국의 탄생

재판을 통해 루이 16세가 프랑스 정부와 국민을 배신했다는 여러 가지 사실들이 밝혀졌다. 그는 국가의 재산을 국외로 빼돌리는 한편, 호화로운 궁정생활을 위해 세금을 탕진했다. 특히 프로이센(독일)과의 밀약은 프랑스 민중의 분노에 기름을 부었는데, 프로이센이 루이 16세를 지원하는 대가로 프로이센에게 프랑스 국토의 일부를 떼어준다는 것이 밀약의 내용이었다.

드디어 1793년 1월 14일, 새로 설립된 법정인 국민 공회는 찬성 387표, 반대 334표로 루이 16세의 사형을 판결하였다. 그러나 너무나 중대한 사안이었기 때문에 재의결이 행해졌다. 결국 찬성 380표 대 반대 310표로 루이 16세의 사형이 확정됐다.

혁명 광장에서 있었던 루이 16세의 처형 장면이다. 오른편의 빈 받침대는 루이 16세의 할아버지인 루이 15세의 기마상이 있었던 자리다.

1793년 1월 21일, 2만 명의 시민이 지켜보는 가운데 루이 16세는 파리의 혁명 광장에서 단두대에 처형되었다. 후에 루이 16세의 사형을 의결한 국민공회의 의원들은 왕정복고가 이루어져 죽임을 당하는 보복을 당했다. 이후 프랑스는 혁명과 반혁명, 왕정과 공화정, 공화정과 공포정치를 반복하는 혼란의 시기를 겪었지만, 마침내 현대 프랑스의 민주주의 제도를 확립하기에 이르렀다.

현대 프랑스의 민주주의와 과제

오늘날의 프랑스는 왕정이 폐지된 공화국이다. 삼권분립의 원칙 속에서 행정부의 수장인 대통령이 국정을 이끈다. 형식상으로는 대통령과 내각의 총리가 있는 이원집정부제이긴 하나 총리의 권한이 크지 않아 대통령중심제라고 보아도 무방하다.

21세기 초까지 진보와 보수의 세력이 팽팽하여 좌파와 우파가 번갈아 집권해 왔다. 현재는 그동안 금기시되었던 극우주의 정당이 인기를 끌고 있다. 극우주의 정당의 인기는 반난민, 반이민 정서에 편승한 측면이 강하다. 사실 프랑스의 이민 정책, 즉 외국인 노동자의 유입은 경제활동에 필요했기 때문에 펼친 것이다. 저임금의 노동력이 필요했던 것이다. 물론 노동력 확보를 위한 이민정책과는 달리 난민의 수용은 순전히 인도주의 원칙에 근거하고 있다. 그러나 극우주의자들이 주장하는 것처럼 난민을 수용한다고 해서 선진국인 프랑스가 갑자기 후진국으로 퇴보하는 일이 일어나지는 않는다. 그럼에도 극우주의 정당의 선동은 프랑스 국민들을 움직이고 있다. 이처럼 민주주의의 뿌리 깊은 역사와 전통을 가진 프랑스에서도 민주주의는 위기를 겪고 있다. 과연 프랑스는 세계 최초로 대혁명을 통해 성취한 민주주의를 올바른 방향으로 지켜낼 수 있을까?

영국의 민주주의는 프랑스 대혁명처럼 대격변의 사건을 겪지 않고 발전했다. 프랑스 대혁명이 일어나기 전, 17세기 영국에서는 이미 자본주의가 태동하고 있었다. 그로 인하여 인구가 급격히 증가하고 상공업의 발달과 함께 시민계급이 주요한 세력으로 부상하기에 이르렀다. 영주와 귀족이 토지를 소유하고 농노를 부리던 봉건제의 프랑스와는 달리, 영국은 이미 산업사회로 나아가고 있었다. 당연히 봉건적인 지배 방식으로는 국가를 운영할 수 없었다. 영국은 프랑스와는 달리 다양한 계급의 이해관계를 수렴하는 중앙집권적인 정치제도가 수립되었고, 그 정점에 왕이 있었다. 왕은 다양한 계급의 복잡한 이해를 대변하는 의회 제도를 수용할 수밖에 없었다. 처음에 의회는 왕의 국정 장악에 도움이 되었다. 국가에 이익이 되는 외국과의 전쟁을 승인하고, 지방귀족과 교회 권력을 견제하는 역할을 하였다. 왕도 시민계급의 이익에 반하는 정책을 쓰지 않았다. 왕의 입장에서는 봉건세력(귀족, 지방 영주, 교회)을 누르고 자기 권력을 강화할 수 있었고, 시민계급의 입장에서는 산업화의 부를 빼앗기지 않고 취할 수 있었던 것이다. 이를 왕과 의회의 '기묘한 동거의 시기'라고 부른다.

제임스 1세의 대관식 장면. 제임스 1세의 즉위로 스튜어트 왕조가 시작되었다.

그러나 이 동거는 오래 가지 못했다. 1603년 엘리자베스 1세가 죽은 후 제임스 1세가 즉위하면서 스튜어트 왕조가 시작되었다. 제임스 1세는 의회를 무시하는 정책을 펴기 시작했다. 그는 국왕의 권한은 인간이 아닌 신으로부터 나온다는 왕권신수설을 주장했다. 제임스 1세는 의회와 충돌했고, 의회는 왕을 신뢰하지 못하면서 두 세력의 동거 관계에 균열이 생기기 시작했다.

청교도혁명

제임스 1세의 뒤를 이은 찰스 1세는 왕권신수설을 더욱더 신봉했다. 이제 사사건건 의회와 대립하기에 이르렀다. 이 때문에 의회와

찰스 1세와 하원의원들의 모습.

의 대립은 더욱 격화되어 갔다. 찰스 1세는 왕권을 강화하기 위해 프랑스와 전쟁을 하려 했으나, 의회는 전쟁에 반대하여 전쟁자금에 대하여 인준을 하지 않았다. 찰스 1세는 강제로 세금을 부과하여 전쟁자금을 마련하는 정책을 독단적으로 공표했고, 의회에서는 국민의 고혈을 짜내는 강제 세금징수에 반대하며 의회의 역할을 요구하는 '권리청원(Petiti on of Right)'을 하기에 이르렀다.

결국 찰스 1세는 권리청원에 굴복했다. 이 사건이 중요한 의미를 갖는 이유는 의회권력이 왕의 횡포를 중지시킨 인류 최초의 사건이자 민주주의의 근간이 되는 내용을 담고 있기 때문이다. 권리청원의 내용은 후에 영국 헌법의 중요한 기초자료가 되었다. 권리청원은 청교도가 주도했기 때문에 '청교도혁명'이라 부른다.

그러나 찰스 1세의 독단적인 횡포는 계속되었고, 1640년 스코틀랜드의 반란을 진압하기 위한 명목으로 또다시 전쟁자금에 대한 동의를 요청했다. 의회는 왕의 요구를 거부했고, 결국 찰스 1세는 의회를 해산했다.

> 권리청원(Petition of Right)에 담긴 내용은 무엇일까?

이 시기는 전쟁 중이었기 때문에 전쟁을 빌미로 국민의 삶을 억압할 수는 없다는 내용이 골자를 이룬다.

- 국민은 군사재판을 받지 않는다.
- 군대는 민가에 강제로 투숙할 수 없다.
- 의회의 동의 없이 국민에게 기부를 강요하거나 세금을 부과할 수 없다.

시민혁명

그러나 전쟁의 상황이 불리하게 돌아가자 불안감을 느낀 찰스 1세는 다시 의회를 소집했다. 이를 기회로 의회는 왕권을 제한하고 의회의 권한을 강화시키는 안건을 통과시켰다. 찰스 1세는 이에 격분하여 왕궁의 친위군대를 파견하여 주모자 5명을 체포했다. 이 체포가 도화선이 되어 영국은 왕과 의회를 중심으로 군사적으로 대립하는 내

찰스 1세가 하원의원들을 체포하려 하고 있다.

스코틀랜드로 도주하는 찰스 1세의 모습.

찰스 1세가 재판에 회부된 후, 재판은 1649년 1월 20일 웨스트민스터 홀에서 시작되었다. 판결문을 발표하기 위해 서 있는 사람은 법무장관 존 쿡이다.

전에 돌입하게 되었다. 내전 초기에는 전세가 찰스 1세에게 유리했지만, 이후에 시민들이 합세하면서 의회군이 승리를 거두었다. 시민혁명이 성공한 것이다. 이때 의회군을 지휘했던 사람이 바로 올리버 크롬웰이었다.

그러나 당시 의회 내에는 두 파가 있었다. 지주 귀족과 상층 시민계급 출신들이 중심이 된 다수파는 왕과의 화해를 선포하고 혁명군의 해체를 선언했다. 이에 반해 독립파는 중소상공인들과 도시의 시민, 소농 등으로 구성되었는데, 왕정의 폐지를 요구했다. 이런 혼란한 상황 속에서 찰스 1세는 스코틀랜드로 도주하여 스코틀랜드 군과 연합하여 영국을 공격하기에 이른다. 독립파는 다수파를 해산하고 찰스 1세를 체포해 재판에 회부했다.

1649년, 찰스 1세는 국가반역죄로 왕궁 앞에서 처형되었다. 독립파는 의회에서는 소수였던 반면 군대를 장악하고 있었기 때문에 이런 일을 행할 수 있었다.

크롬웰의 독재, 그리고 왕정 복귀 시도

독립파를 중심으로 공화정이 수립되었으나 오래 가지 못했다. 의회군의 지도자였던 올리버 크롬웰은 의회를 해산하고 41명으로 구성된 국가위원회 위원들이 국정을 운영한다고 선언했다. 국가위원회는

의회를 해산시키는 올리버 크롬웰.

크롬웰의 독재를 위한 구실이었다. 크롬웰은 형식상으로는 신앙의 자유, 간접 선거 등의 민주주의적인 구호를 내걸었으나 실제로는 1인 군사 독재자였다.

명예혁명과 민주주의의 개막

왕정을 복구하려는 세력에 의해 영국으로 돌아오는 찰스2세.

크롬웰이 죽은 후 그의 아들이 통치자의 자리를 넘겨받았다. 독재에 대한 민중들의 분노는 커져 갔다. 차라리 혁명 이전의 왕정이 낫다는 왕에 대한 향수가 생겨났다. 왕정을 복구하려는 세력들은 이 기회를 놓치지 않고 프랑스에 망명 중인 찰스 2세를 영국으로 불러들였고, 1660년 왕정을 선포했다. 공화정에서 다시 왕정으로 돌아간 것이다. 찰스 2세는 공화정의 법을 무효화하고 왕의 명령에 의한 통치로 바꾸었다. 다행인 것은 무자비한 전제정치로 돌아가지는 않았다는 점이다. 시민혁명에 의해 왕정을 무너뜨리고 공화정을 수립했지만, 공화정은 1인 독재에 의해 유명무실해졌고, 다시 왕정이 복구되는 악순환이 반복되었다.

다시 전제적인 군주정으로

그러나 시간이 흐르면서 찰스 2세는 본색을 드러내기 시작했다. 초기의 유화적인 정책은 시민혁명 세력의 불만을 무마하기 위함이었다. 찰스 2세는 다시금 왕권신수설을 꺼내들었다. 그는 전제적 권력을 누리기 위해 왕권 강화를 추진하였다. 또한 프랑스와 밀약을 맺어 영국에서 반란이 일어날 경우 프랑스 군대가 영국으로 진격하는 길을 열어주었다. 가장 심각한 문제는 찰스 2세의 종교적 개종이었다. 영국은 기독교의 한 분파인 성공회를 국교로 정하고 있었다. 찰스 2세는 시민혁명 당시 프랑스에 도피 중이었고 그곳에서 가톨릭의 영향을 받았다. 그는 영국 국교회를 거부하고 가톨릭으로의 개종을 선언하기에 이르렀다. 1672년, 관용령(Declara tion of Indulgence)을 선포했는데, 관용령이란 말 그대로 영국 내에서 국교회(성공회)가 아닌 타종교도 수용한다는 선언으로, 말은 종교의 다양성을 추구하는 것이었지만 실은 가톨릭을 공식화하려는 의도였다. 찰스 2세의 시도는 의회의 반대에 부딪쳐 좌초되었다. 그 후에도 종교 문제를 둘러싼 왕과 의회의 갈등은 지속되었고, 찰스 2세는 의회 내에 자신을 지지하는 세력의 힘을 키워나갔다.

1685년 찰스 2세가 사망하고 제임스 2세가 즉위하였다. 제임스 2세는 이미 가톨릭으로 개종했기 때문에 왕위 계승의 자격을 놓고 의회에서 논쟁이 벌어졌다. 의회는 둘로 갈라졌다. 제임스 2세를 지지하는 보수적인 성향의 토리당과 그를 배척하는 진보적 성향의 휘그당으로 분열했다. 토리당은 지주층과 귀족의 이해를 대변했고, 휘그당은 상인과 시민의 이해를 대변했다. 그런데 보수적인 토리당이 제임스 2세를 거부하게 되는 결정적인 사건이 벌어졌다. 처음에 토리당은 국교회를 신봉하고 있었지만 가톨릭교도인 제임스 2세를 지지했다. 그 이유는 제임스 2세가 영국 국교회의 권리를 전면적으로 인정하고, 가톨릭은 개인적인 차원에서만 믿는다는 약속을 했기 때문이었다. 그러나 제임스 2세는 즉위하자마자 약속을 파기하고 곧 가톨릭을 국교로 만들기 위한 종교정책들을 공포하기에 이르렀다. 이 약속의 파기는 토리당원들에게 엄청난 분노를 불러일으켰다. 국교회의 특권이 사라지는 것뿐만 아니라 인간적인 배신감을 느꼈기 때문이었다. 토리당은 제임스 2세에게 등을 돌리고 대립했던 휘그당과 연합을 하게 되었다.

명예혁명

토리당과 휘그당은 제임스 2세를 축출하는 계획을 세웠다. 1688년, 그들은 프랑스에 있는 제임스 2세의 딸인 메리와 그녀의 남편인 네덜란드 총독 윌리엄 3세를 공동 왕으로 추대하였다. 메리와 윌리엄은 아무 저항도 받지 않고 영국에 상륙하였고, 반대로 제임스 2세는 프랑스로 도주했다. 이렇게 해서 피 한 방울 흘리지 않고, 아무런 희생도 없는 무혈혁명이 이루어지게 되었다. 희생자가 없었기 때문에 이 혁명을 '명예혁명'이라고 부르게 되었다.

다수파와 독립파가 끝까지 대립했던 시민혁명과 달리 명예혁명은 모든 당파가 합심하여 절대왕정을 타파한 사건이었다. 또한 왕정을 옹호할 세력이 없었기 때문에 희생 없이 혁명이 이루어졌다. 이제 메리와 윌리엄은 왕으로 추대되었지만, 이전처럼 전제적인 권력을 행사하지

명예혁명을 통해 윌리엄 3세와 메리는 영국의 왕으로 추대되었다.

못했다. 영국 의회는 모든 권력을 장악하고 국정을 운영하게 되었다. 명예혁명으로 인하여 영국은 입헌군주국으로 전환했다. 입헌군주국이란 왕은 존재하지만 헌법에 의하여 국가가 통치된다는 의미이다. 헌법의 제정과 집행자는 의회였다.

영국 민주주의의 특징과 한계

휘그당의 일원이었던 존 로크(1632~1704)는 명예혁명의 사상적 기반을 마련하였다. 그는 당시 유럽을 풍미하던 계몽주의 사상의 영향을 받아 인간은 모두 자유롭고 평등하다고 주장했다. 국가의 통치자는 국민 개개인으로부터 국정운영의 권한을 위임받았을 뿐이며, 만약 통치자가 위임의 한계를 넘어 사회 구성원의 자유와 평등의 권리

를 해친다면 민중은 정부를 전복하고 그것을 대신할 새로운 정부를 수립할 권리를 갖는다고 주장했다.

명예혁명은 영국의 정치 체제에 중요한 전환점을 마련했다. 군주의 절대 권력을 폐지하고 귀족과 시민들로 구성된 의회 제도를 만들었다. 하지만 명예혁명은 왕정을 존속시켰다는 점에서 제1차 시민혁명보다 보수적이었다. 말하자면 명예혁명은 프랑스의 대혁명처럼 아래로부터 일어난 것이 아니라 상층부에서 이루어진 변혁이었다.

영국은 현재까지도 입헌군주국의 형태를 유지하며 보수당과 노동당이 번갈아 집권해 왔다. 21세기 이후에는 보수당이 지속적으로 집권하고 있다. 특이한 점은 민주주의와 왕의 기묘한 동거체제이다. 왕과 민주주의는 서로 모순된다. 상징적인 존재라 하더라도 왕은 왕인 것이다. 왕은 막대한 재산과 특권을 지닌다. 정치에 관여하지 않는다고 하지만 왕의 일거수일투족이 정치에 영향을 미치지 않는다고는 볼 수 없다. 백번 양보하여 왕이 상징적인 존재라고 하더라도, 21세기에 어마어마한 특권을 누리는 왕이 존재해야 하는 이유는 무엇일까?

03
독일
-내각중심제의 공화국 형태-

    독일은 19세기 초까지 통일된 국가가 아니었다. 프랑스와 영국에 의해 주도되는 유럽의 역사에서 변방으로 취급되고 있었다. 독일은 19세기 초, 프로이센이 전국적 영향력을 발휘하게 되기까지 군소 영주국으로 나뉘어져 있었다. 산업의 발달도 늦었으며 봉건적 잔재가 뿌리 깊게 남아 있었다. 독일 민주주의의 역사는 언제나 독일의 통일이라는 민족주의 과제와 맞닿아 있었다. 그런 관계로 독일의 민주주의는 민족주의와 대립하면서 발전했다. 민족주의는 민족의 독립을 의미하지만 지나치게 강조되면 민족의 우월성을 과시하는 양날의 칼과 같은 개념이다. 이런 독일의 특수한 환경 속에서, 독일의 민주주의는 전쟁을 추구하며 게르만 우월주의를 선동하는 정부와 민주주의를 요구하는 시민의 대립 속에서 발전해 왔다.

혁명의 실패

1818년, 39개의 군소국가로 분리되어 있던 독일은 프로이센을 중심으로 관세 동맹을 체결함으로써 경제적 통일의 기초를 만들었다. 이로 인하여 독일 전역의 경제는 이전과는 비교되지 않을 정도로 빠르게 성장했다. 이 경제적 통합의 경험은 독일민족에게 독일의 자긍심을 일깨웠다. 독일은 영국과 프랑스에 비해 많이 낙후되어 있었고, 그런 이유로 유럽의 강대국에 대해 열등감을 지니고 있었다. 하지만, 이를 계기로 독일은 다른 유럽 강대국에 비해서도 두각을 나타내기 시작했을 뿐만 아니라, 독일의 통일이라는 염원이 싹트게 되었다.

프랑스에서 있었던 1848년의 2월 혁명. 독일은 이 2월 혁명을 통해 프랑스 대혁명의 정신을 받아들이기 시작했다.

독일 프랑크푸르트 세인트 파울 교회(St Paul's Church)에서 열린 국민회의의 모습.

1848년, 프랑스에서는 2월 혁명이 일어났다. 2월 혁명은 1787년의 프랑스 대혁명의 연속선상에 있는 혁명이었다. 하지만 프랑스 대혁명은 왕정의 폐지를 이끌고 공화정 정권을 만들었지만 이번엔 독재로 이어지는 난관을 겪고 있었다. 그 와중에 다시 일어난 봉기가 1848년의 2월 혁명이었다.

프랑스 대혁명은 독일의 지식인들에게 엄청난 영향을 미쳤다. 그러나 봉건제적 복종의식이 뿌리 깊게 박혀있는 민중들에게까지 영향력을 발휘하지는 못했다. 농노로 사는 것이 당연한 것으로 여겨졌던 사람들에게 프랑스의 혁명 정신인 자유, 평등, 박애는 이해하기 힘든 낯선 단어였다. 한편 경제적 통합을 통한 부흥으로 자신감을 얻은 독일 민족은 프랑스 대혁명의 정신을 받아들이기 시작했다.

1848년, 39개의 군소 영주국의 시민 대표들은 프랑크푸르트에서 국민회의를 개최하였다. 그들은 독일의 정치적 통일을 모색하였고, 그 형태는 각 영주국이 동등한 권리를 갖는 민주 공화정이었다. 프랑크푸르트 회의는 프로이센의 입김에 의해 거부되었다.

프로이센은 독일을 통일하여 프로이센 제국으로 만들려는 야심찬 계획을 세우고 있었다. 이후 독일의 정치적 통일은 프로이센의 주도하에 진행되었다. 1862년, 프로이센의 수상 오토 폰 비스마르크는 형식적으로 명맥을 유지하고 있던 의회를 해산하고 자유주의 시민 세력을 탄압하는 정책을 추진하였고, 군소국과의 전쟁을 통해 독일을 통일시켜 나가기 시작했다.

비스마르크는 자유주의 시민 세력을 탄압했지만, 강력한 독일을 원하는 기층 민중들에게서는 열렬한 지지를 받았다. 이처럼 독일은 민족주의의 과제와 민주주의의 과제가 복잡하게 대립하는 나라였다. 자유주의 공화국으로 나아가려 했던 프랑크푸르트 회의는 실패했고, 민주주의의 기회를 잃은 대신 독일은 제국으로 팽창하기 시작했다.

프랑스를 격파하고 독일제국이 되다

1871년 7월 14일, 프로이센은 프랑스를 침공했다. 프로이센 군대는 마르스라투르 전투와 그라블로트 전투에서 프랑스군을 괴멸시키

프랑스와 프로이센의 전쟁에서 프랑스군이 참패했던 스당 전투, 그리고 나폴레옹 3세가 빌헬름 1세에게 항복하는 장면.

고 파리를 향해 전진했다. 스당 전투에서는 나폴레옹 3세를 포로로 잡는 성과를 올렸다. 프로이센군은 파리를 향해 진격했고, 그 소식을 들은 독일 국민들은 열광했다. 나폴레옹에 의해 유린당했던 역사를 지닌 독일이 처음으로 프랑스를 점령하는 엄청난 사건이었기 때문이다. 파리 시민들은 파리 코뮌을 중심으로 프로이센 군대에 저항하였지만, 4개월 만에 항복했다. 전쟁에서 승리를 거둔 프로이센군은 파리에서 시가행진을 벌였다. 프랑스를 점령한 프로이센은 베르사유 조약을 통해 나폴레옹 군대에 빼앗겼던 알자스지방과 로렌지방을 되찾았고, 프로이센의 빌헬름 1세는 베르사유 궁전에서 전 독일의 황제로 즉위했다. 프로이센은 독일민족이 제국의 주인이 되었음을 선포했다. 그 영토는 독일 전역과 오스트리아 프랑스에 걸쳐 있었다. 독일 민족

베르사유 조약에 서명하는 비스마르크.

의 최고의 관심사는 제국의 영광이 되었다. 인권과 자유, 평등, 박애는 독일제국의 영광을 위해 희생되는 것으로 간주되었다. 이렇게 독일의 민족주의는 승리를 거두었지만, 민주주의는 후퇴했다.

팽창주의와 민주주의

1888년, 빌헬름 2세는 제국 내각의 수상이었던 오토 폰 비스마르크와 대립하기에 이르렀다. 그는 비스마르크를 실각시켰다. 빌헬름 2세는 3B 정책을 추진하여 세계의 제국을 꿈꾸었다. 3B는 베를린(Berlin), 비잔티움(Byzantium, 현재 튀르키예의 이스탄불), 바그다드(Baghdad)를 말하는데, 빌헬름 2세는 이 세 도시를 연결하는 철도를 건설

하고 이 지역에 대한 정치적, 경제적 이권을 확보하려고 했다. 빌헬름 2세의 이 정책은 세계사에 중대한 영향을 미쳤다. 후발 강대국 독일의 출현으로 제국주의 국가들 간의 영토 싸움이 치열해졌고, 그때문에 세계 1차 대전이 발발하게 되었다.

　3B 정책은 영국의 3C정책과 정면으로 충돌했다. 3C 정책은 이집트의 카이로(Cairo)와 남아프리카 공화국의 케이프타운(Cape Town), 인도의 캘커타(Calcutta)를 연결하는 영토 정책인데, 독일의 3B 정책이 3C 정책을 위협했기 때문이다. 또한 3B 정책은 북아프리카를 점령한

프랑스, 흑해의 크림반도를 점령하여 지중해로의 남하를 추진하는 러시아의 이권과도 충돌했다. 전쟁의 씨앗이 싹트고 있었던 것이다.

1차 대전의 패배와 11월 혁명

사라예보 사건의 삽화.

1914년, 1차 세계대전이 발발했다. 전쟁의 발단은 세르비아의 한 민족주의자 청년이 보스니아의 수도 사라예보를 방문한 오스트리아 황태자 부부를 암살하는 사건이었으나, 그 저변에는 강대국 간의 영토싸움이 있었다. 독일은 오스트리아를 지원했고, 러시아, 프랑스, 영국, 벨기에는 세르비아의 편을 들면서 삽시간에 지역의 분쟁은 유럽 전역으로 확대되었다. 독일은 전쟁에서 승리할 자신감이 충만했지만, 미국의 참전으로 전세는 불리해졌다. 전쟁은 독일 민족에게서 민주주의의 희망을 앗아갔다. 침략전쟁이 일어나면 인간의 기본권은 당연히 짓밟힌다.

독일 11월 혁명의 한 장면.

전쟁 막바지에는 독일에서 반전운동이 광범위하게 일어나기 시작했다. 또 군대 내에서도 전쟁의 중단을 요구하는 반란이 일어났다. 급기야 위험을 느낀 빌헬름 2세는 네덜란드로 망명하기에 이르렀고 임시정부가 수립되었다. 임시정부는 곧바로 연합군에게 항복하고 전쟁을 끝냈다. 이를 '11월 혁명'이라고 한다. 11월 혁명에 의해 바이마르 공화국이 선포되었다.

바이마르 공화국의 탄생

11월 혁명으로 독일 제국은 붕괴되고 민주주의 정부인 공화국이 수립되었다. 이 민주정부의 중심세력은 사회민주당(SPD)이었다. 독일 역사상 처음으로 공화정이라는 정치형태를 통해 민주주의를 실시했다는 점에서 큰 의의를 갖는다. 바이마르 공화국은 1919년에 시작되어 1933년 나치가 제1정당으로 집권하기까지 존속하였다.

왜 독일 공화국을 바이마르 공화국이라고 부를까?

바이마르 공화국은 정식 명칭이 아닌 '별명'이다. 이 별명은 당시 공화국 헌법 초안 및 승인 과정에서 베를린의 소요 사태가 일어나, 이를 피해 바이마르에서 이루어졌기 때문에 붙은 이름이다.

1939년 9월 1일 베스테르플라테 반도를 포격하고 있는 독일 전함의 모습. 이 포격으로 제2차 세계대전이 시작되었다.

그러나 바이마르 공화국은 초기에는 시민들의 전폭적인 지지를 받았으나 그 지지가 오래 가지 못했다. 그 이유는 시민의 투쟁에 의해서 성립된 것이 아니라 전쟁 책임을 떠넘기기 위해 군부와 관료, 대자본가들이 사회민주당(SPD)에게 권력을 이양한 성격이 짙기 때문이었다. 정부의 이양으로 그들은 전쟁의 책임을 피해 갔고, 전쟁의 배상금을 내기 위해 세금을 내야 하는 민중들의 삶만 피폐해졌다.

이런 태생적 한계 속에서 바이마르 공화국은 허약해져 갔고, 정부의 권력은 다시 강력한 독일의 부활을 외치는 우익 정당에게 넘어가게 되었다. 결국, 우익 중에서도 극우주의를 표방하는 나치당이 국민의 전폭적인 지지를 받게 되고, 독일의 민주주의는 다시 후퇴하게 되었다. 나치는 다수당이 되어 권력을 장악했다. 반유대주의와 게르만족 우월주의를 선동하여 독일의 민족주의를 다시 지배의 수단으로 활용하기 시작했다. 이에 저항하는 수많은 시민이 투옥, 처형을 당하

1945년 5월 7일 독일 베를린의 러시아 본부에서 독일군 항복 문서에 서명하는 빌헬름 카이텔과 그가 서명한 항복 문서.

는 비극이 벌어지게 되었다. 결국 광적인 독일 민족주의는 다시 전쟁을 통하여 대 독일제국을 건설하고자 하는 욕망을 드러내었고 1939년 폴란드를 침공함으로써 제2차 세계대전이 발발했다. 2차 대전은 1차 대전과 전개가 대동소이했다. 처음에는 독일군이 파죽지세의 승리를 거두었으나 미국의 개입으로 전황은 역전되기 시작했고, 1945년 연합군에게 항복을 하고 말았다. 유사한 역사가 되풀이된 것이다.

독일 민주주의의 특징과 과제

현대 독일의 민주주의 체제는 바이마르 공화국의 연장선 속에 있다. 다당제의 공화국의 형태를 취하면서 내각의 수상이 최고 권력을 갖는다. 진보를 대표하는 사회민주당과 보수를 대표하는 기독교민주당이 가장 주요한 당이다. 전 세계에서 가장 모범적인 민주주의 국가

신나치주의자들의 시위 모습.

중의 하나이다. 또한 유럽연합의 지도적 국가로 이탈리아나 프랑스, 영국에 비해 이민자나 난민에 대해서도 관용적 태도를 취하고 있다.

그러나 독일은 나치의 부활을 가장 경계하고 있다. 게르만 민족주의와 민주주의 사이에서 대립해 왔던 독일은 게르만 민족주의의 위험성을 숱하게 경험한 나라이다. 유럽의 변방으로서 열등감을 지녔던 독일인은 독일인의 우월성을 강조하는 신나치주의 선동에 언제 열광할지 모르는 위험성을 지니고 있는 것이다. 그 위험성을 잘 견제하는 것이 독일 민주주의의 가장 중요한 과제라고 할 수 있다.

03

북아메리카의
민주주의

원주민과 흑인의 피로 얼룩진 민주주의

유럽인들에게 정복당하기 전, 북아메리카에는 원주민이 살고 있었다. 신대륙 발견 초기의 대립은 원주민과 새로 이주한 유럽인들 사이에 존재했다. 이주자들은 원주민을 정착지에서 몰아내고 아메리카를 완전한 유럽의 식민지로 만들었다. 현재 미국 땅의 대부분은 영국의 식민지가 되었고, 캐나다는 영국과 프랑스가 양분하는 식이었다. 이 과정에서 저항하는 원주민에 대한 학살이 도처에서 이루어졌다. 원주민의 관점으로 바라보면 인간의 기본권이 말살된 시간이었다. 민주주의의 발전 과정을 고찰하자면 원주민의 입장에서 바라보는 것이 옳을 것이다. 민주주의는 모든 인간은 평등하고, 자유로우며, 국가의 주인을 의미하기 때문이다.

　　북아메리카에 백인의 나라가 정착된 후, 대립은 식민지 모국과 이주민 사이로 이동했다. 식민지 모국은 영국과 프랑스였고, 이주민은 미국과 캐나다라는 독립국을 건설하고자 했다. 이제 민주주의의 핵심은 식민지로부터의 해방이 되었던 것이다. 그로 인해 원주민의 문제는 뒤로 미루어졌다.

　　미국과 캐나다는 지난한 투쟁을 거쳐 영국과 프랑스로

부터 독립했고, 현재의 민주주의 국가로 성장했다. 이 주민들의 관점에서는 민주주의 제도가 뿌리내렸지만 감추어둔 문제

북아메라카에 최초의 영국 식민지를 건설한 존 스미스 선장이 인디언들을 공격하는 장면을 그린 판화.

가 수면 위로 떠오르기 시작했다. 감추어둔 문제로는 흑인의 인권 탄압, 빈부격차, 백인 우월주의 등 여러 가지가 있지만, 미국과 캐나다의 탄생의 원죄라고 할 수 있는 핵심적인 사안이 있다. 원죄는 원래 북아메리카의 주인이었던 원주민에 대한 추방, 인권유린, 심지어 대량 학살과 인종말살 정책 등이 그것이다.

그렇다면 현재 미국과 캐나다의 민주주의는 누군가를 배제한 심각하게 왜곡된 민주주의이다. 고대 그리스나 로마의 민주주의 제도에서 노예나 여자가 배제되었듯이, 땅의 원래 주인이자 피해자가 배제되고 있는 것이다. 이 문제를 어떻게 슬기롭게 해결하는가, 그것이 강대국 미국과 캐나다 민주주의의 가장 껄끄러운 문제로 남아 있다. 원주민이 그 땅의 주인이기 때문이다.

01
캐나다
-원주민 희생에 대한 뒤늦은 사과와 포용-

　캐나다는 세계에서 가장 살기 좋은 나라 중의 하나이다. 국토가 넓고 자연경관이 수려하며 경제적으로 풍요롭다는 것 외에 민주주의 제도가 잘 정착된 나라이기 때문이다. 미국과는 다르게 아시아의 이민자들도 너그럽게 포용한다. 그러나 캐나다의 풍요로움과 민주주의의 이면에는 잊힌 원주민의 상처가 너무나 많다.

　미국과 달리 캐나다는 2015년 집권한 쥐스탱 트뤼도 총리가 2022년에 원주민 탄압에 대해 공식적인 사과와 보상을 약속했고, 원주민의 땅을 반환해 주는 정책을 펴고 있다. 이런 노력에 대해 교황은 "뒤늦은 감이 있지만, 사과와 보상을 환영한다. 그러나 턱없이 부족하다."라고 말했다.

　결국 민주주의는 형식이나 명칭이 중요한 것이 아니라, 그 제도 안에 어떤 내용을 담는가 하는 문제일 것이다. 자신들의 민주주의가 원주민의 희생에 기반하고 있다는 진실을 부정한다면, 그것은 기만적인 민주주의가 될 것이다.

프랑스와 영국의 각축전

캐나다는 영국과 프랑스가 각축을 벌인 영토였다. 1583년에 영국의 험프리 길버트 경이 엘리자베스 1세 여왕의 명을 받아 임시 식민지인 세인트존을 세웠고, 1600년에는 프랑스인들이 임시 무역거래소로 타두삭을 세웠고, 이후 프랑스인 탐험가들이 연이어 도착하며 1605년에는 포트 로얄을, 1608년에는 퀘벡 지역을 점령했다.

이후 프랑스와 영국 간의 북아메리카 식민지 각축전이 치열하게 전개되었다. 1754년부터 1756년에 걸쳐 영국이 프랑스의 북아메리카 식민지를 공격하고, 프랑스 상선 수백 척을 나포한 것을 시작으로 결국 1756년에는 식민지 주도권을 놓고 '7년 전쟁'이 발발했다.

1758년 '타이콘데로가 전투'라고도 알려진 카리용 전투의 장면이다. 이 전투에서는 몽캄 장군이 이끈 프랑스 군이 수적으로 우세한 영국 군대를 격파했지만, 7년 전쟁은 영국이 승리했다.

영국은 북아메리카의 프랑스 식민지였던 '누벨 프랑스' 대부분에서 우위를 획득했다. 하지만, 전쟁 승리의 주역인 아메리카 원주민은 협약에 참여하지 못했다.

이 전쟁에서 영국이 승리하면서 영국이 캐나다 일대의 식민지를 장악하는 결과를 낳았다. 1763년 즈음에 이르자, 캐나다의 거의 대부분이 영국의 통치하에 놓였다. 이런 역사 속에서 프랑스어를 쓰는 퀘벡주 분리 독립운동이 현재까지도 벌어지고 있다.

캐나다의 독립운동

캐나다는 영국의 식민지가 되어 국토를 확장해 나갔다. 더불어 원주민은 정착지에서 쫓겨나 황폐한 곳으로 이주했다. 이제 캐나다인들은 자치적인 독립 정부를 갖기를 원했다.

결국 1837년에는 영국을 상대로 거대한 반란이 일어났다. 반란군에서 핵심적인 역할을 한 사람들은 퀘벡 지역에 터를 잡은 프랑스계 이주자들이었다. 영국은 식민지 이권을 포기할 수 없었다. 영국 정부는 캐나다에 자치권을 부여했는데, 이는 다수인 영국계 이민자들에게 자치권을 주는 방식으로 소수이지만 독립을 강력히 원하는 프랑스계 이주자들을 견제하기 위함이었다. 결국 1840년, 영국 의회는 영연방의 일원으로서의 캐나다의 자치정부를 인정하기에 이르렀다. 영연방이란 식민지 국가에 자치권을 주되, 영국의 왕이 식민지에 총독

퀘벡 남부의 생퇴스타슈(Saint-Eustache)에서 반란군을 진압하는 모습.

을 파견하여 관리하는 제도를 말한다. 형식적이긴 하지만 현재에도 캐나다는 여전히 완전한 독립 국가가 아니다.

캐나다의 팽창과 원주민에 대한 인권 탄압

캐나다는 동부에서 서북부로의 영토 확장을 꾀했다. 이 과정에서 다수의 토착 부족들이 거주지를 잃고 강제로 내쫓기거나 '보호구역'으로 끌려갔다. '보호구역'은 강제추방에 대한 보상의 명목이었다. 그러나 '보호구역'은 명칭과는 다르게 감옥이나 다름없었다. 드넓은 초원과 산을 벗 삼아 살던 사람들이 한정된 구역에서 살 수는 없었던 것이다. '보호구역'은 자신들이 인도주의적이라고 과시하는 정책이었다. 그들은 원주민의 땅을 유럽으로 수출되는 밀을 재배하는 농지로 활용했고, 소를 키우기 위한 목장을 만들기 위해 광활한 지역에서 동물을 사냥하여 죽였다.

캐나다의 경제는 무한한 토지와 자원을 활용하여 발전했고, 유럽과의 무역을 통하여 이주민들의 삶은 윤택해졌다. 정치적으로는 영국식 의회주의, 민주주의 제도를 받아들였다. 이주자들의 관점에서 보면 경제와 민주주의가 동시에 발전해나가는 것처럼 보였다. 반대로 원주민들은 유럽에서 들어온 전염병에 감염되어 속수무책으로 사망하게 되었다. 그들은 낯선 질병에 대한 면역력이 없었던 것이다. 전염병 감염과 거주지역 상실 및 제한 등은 원주민들을 무기력한 상황으로 몰고 갔다.

이런 상황을 잘 알고 있던 캐나다 정부는 원주민들에게 인도적 지원을 하겠다고 하였고, 그중의 하나가 '인디언 법'이었다. 그 법에는 인디언에게 캐나다의 구성원이 되기 위한 자질을 무상으로 교육한다는 것이 명시되어 있었다. 영어, 유럽적 관습, 직업 교육 등이 그것이었다. 즉, 현실을 인정하고 적응하라는 의미였는데, 이는 원주민들에게는 불가능한 과제였다.

캐나다의 민주주의

캐나다는 1930년대 세계 대공황의 여파로 어려움을 겪기도 하였으나 광활한 국토와 자원, 고등교육제도를 통하여 경제적으로 선진국의 대열에 올라섰다. 정치적으로도 영국식 의회 민주주의를 뿌리내리면서 캐나다만의 정체성을 확립해 나갔다. 캐나다만의 정체성이란 다문화주의를 정립하는 것이었다. 다문화주의의 핵심은 양분된 프랑스계 국민과 영국계 국민의 통합이었다. 이를 위해 1965년에는 새로운 국기를 채택했다. 붉은 단풍나무 잎이 그려진 국기는 캐나다의 새로운 상징이 되었다. 프랑스계와 영국계는 상호 인정과 자유, 평등을 추구했다. 구체적으로는 영어와 프랑스어를 동시에 국어로 채택했다.

캐나다는 미국에 비해 빈부격차가 심하게 나타나지 않았다. 그 이유는 자본주의적인 경제 발전을 추구하면서도 다양한 복지정책, 연금

> ### 캐나다의 국기
>
>
>
> 캐나다의 국기는 '단풍잎기(the maple leap)'로 불린다. 1964년 국민 공모로 선택한 문양으로 1965년 영국 여왕 엘리자베스 2세의 승인을 받고 정식 국기로 공표되었다. 좌우에 있는 빨강은 대서양과 태평양을 가리키며, 가운데 빨강 단풍나무 잎은 캐나다를 상징한다. 즉 캐나다가 태평양과 대서양 사이에 있음을 나타내고 있다. 천혜의 자연을 지닌 대국 캐나다를 잘 표현하고 있다. 또한 빨강색은 영국 왕실의 문양에서, 흰색은 프랑스 왕실의 문양에서 따옴으로써 다문화국가의 통합을 표현한다.

" 단풍잎기(the maple leap) 이전의 캐나다가 국기는 어떻게 생겼을까?

1965년까지 캐나다의 국기는 빨강 색 바탕의 상단 왼편에 영국 국기가 있고, 오른쪽 중앙에 캐나다의 주를 상징하는 도안이 그려져 있었다. 캐나다의 주를 상징하는 도안은 주가 추가되면서 자주 바뀌었다.

정책, 시민을 위한 저이자 대출 등의 '부의 재분배 정책'을 도입했기 때문이다. 이는 북유럽의 사회민주주의 제도와 유사했다.

한편으로 캐나다인들은 영국으로부터 완전히 독립하기를 원했다. 1982년, 결국 영국 의회는 캐나다 법(Canada Act 1982)을 통과시켰다. 이 법으로 캐나다는 영국으로부터 실질적인 독립을 쟁취했다. 캐나다는 '캐나다 인권과 자유 헌장'(Canadian Charter of Rights and Freedoms)을 선포했다. 이렇게 캐나다는 세계에서 가장 평화롭고, 경제적으로 윤택하며, 민주주의가 성숙한 나라로 발전하게 되었다.

퀘벡 분리주의[독립] 운동과 민주주의 위기

프랑스계와 영국계의 다민족 국가인 캐나다는 언제 터질지 모르는 정치적 뇌관을 갖고 있다. 민주주의가 제대로 작동하여 아무도 배제되지 않을 때는 문제가 없는 것처럼 잠잠하지만, 어느 한쪽이 불평등하다고 느끼는 순간 분리 독립이 사회의 이슈가 되고 있다. 분리 독립은 민주주의적으로 진행되었지만, 때때로 급진적인 폭력성이 발휘되어 민주주의 자체를 위협하기도 했다.

1995년에 실시된 국민투표에서 퀘벡의 독립에 '찬성'할 것을 홍보하는 포스터.

1970년대에 급진적인 퀘벡 자유당(Parti libéral du Québec, PLQ)이 분리독립을 외치며 의회에 진입하여 점거하는 등 캐나다는 민주주의의 심각한 위기를 겪었다. 결국, 평화적인 방법으로 1980년에 독립 주민투표를 실시하였으나 부결되었다. 이후 퀘벡 분리주의 운동은 급진적인 방향에서 선회하여 선거를 통한 합법적인 투표를 통한 독립으로 방향을 틀었다. 더불어 민주주의는 더 이상 위협을 받지 않았다. 1995년, 재차 독립을 묻는 투표가 실시되었으나, 50.6대 49.4로 아슬아슬하게 부결되었다. 1997년, 캐나다 대법원은 퀘벡 주와 같은 선례를 막기 위하여 캐나다 연방으로부터 함부로 탈퇴하는 것을 제한하는 법을 제정하기에 이르렀다.

분리 독립운동은 민주주의와 어떤 관계가 있을까? 분리 독립은 한쪽이 한쪽에 의해 불이익을 당한다고 느낄 때 일어난다. 그리고 다민족 국가일 경우 모두가 평등한 것은 사실상 불가능하다. 다수가 소수에 대해 우위를 점하게 되어 있다. 법적으로는 모두가 평등하지만 일상 생활에서는 소외된다. 반대로 부를 독점하는 소수가 다수 민족을 지배할 수도 있다. 그러므로 다민족 국가의 민주주의는 민족 간의 갈등을 해결하는 문제와 불가분의 관계에 있는 것이다.

캐나다의 민주주의 제도의 정착

캐나다는 미국과 마찬가지로 주정부와 캐나다 국가 전체를 총괄하는 연방정부가 있다. 연방정부는 행정부(프랑스어:Gouvernement fédéral, 영어:Federal Government), 연방의회(프랑스어:Parlement du Canada, 영어:Parliament of Canada), 연방법원(프랑스어:Cour fédérale, 영어:Federal Co urt)으로 나뉜 3권 분립의 형태를 취하고 있다.

캐나다 연방정부의 최고 수장은 총리로 불리며 연방의회의 하원 선거에서 다수 의석을 차지한 정당에서 배출한다. 장관은 총리가 임명할 수 있지만, 차관급 이하는 그 분야의 전문인으로만 조직 내에서 구성할 수 있다. 공무원의 정치색을 원천적으로 차단하는 정책을 실행하고 있다. 이는 정부의 수장이 바뀌어도 정책이 좌지우지 되지 않는 캐나다 민주주의의 장점이 되었다. 또한 각 주의 자치권을 광범위하게 보장하는 지방자치제가 발달되어 있다. 주에는 외교권과 군 통수권을 제외한 행정의 모든 권리가 위임되어 있다. 주는 주 정부, 주 의회, 주 법원으로 구성되는 삼권분립의 원칙을 철저히 지키고 있다.

이처럼 캐나다는 세계에서 가장 확고히 민주주의 제도를 정착시킨 나라들 중의 하나가 되었다. 전 국민의 자유, 여러 민족 간의 평등, 극단적이지 않은 정치 성향을 바탕으로 세계인의 부러움의 대상이 되었다. 특히 자본주의가 고도로 발달한 국가이면서도 보편적 복지제도를 통하여 박애의 정신을 구현하는 국가로 타의 모범이 되고 있다. 부자들도 사회 민주주의적 국가정책을 통한 부의 재분배에 대하여 동의하고 있다. 그것이 갈등을 봉합하고 서로 행복하게 사는 방법임을 알고 있는 것이다.

캐나다 민주주의의 마지막 퍼즐

캐나다에서는 미국처럼 원주민에 대한 박해가 대규모로 벌어지지 않았다. 추운 날씨로 인하여 거주하는 원주민의 수가 미국처럼 많지 않았던 것이 그 이유일 것이다. 그럼에도 불구하고, 현대 캐나다 정부는 원주민 탄압에 대한 사과와 보상을 통하여 화합 정책을 실시하고 있다. 캐나다 민주주의의 완성은 원주민에게도 민주주의의 결실이 나누어지는가에 달려 있을 것이다. 원주민들은 캐나다의 원래 주인이었기에, 그들이 다시 주인의 자리로 돌아가지 않는다면 민주주의는 허구일 것이다. 민주주의는 국민 개개인이 국가의 주인이고, 원주민은 캐나다 국민의 일부이기 때문이다.

충격적인 원주민 학살

'원주민 기숙학교 문제'를 다룬 책으로 캐나다 진실화해위원회에서 출간했다.

캐나다는 원주민을 추방하며 그들을 보호한다는 명목으로 '보호구역'으로 이주시켰다. 최근 캐나다 남서부 브리티시컬럼비아주에 위치한 인디언 기숙학교를 포함하여 캐나다 전역의 원주민 기숙학교 터에서 어린이 유해 1300여 구가 무더기로 발견되었다. 그 유해는 어떤 표식도 없이 땅속에 집단으로 매장되어 있었다.

이 어린이들은 인디언과 에스키모 족으로 알려진 이누이트, 유럽인과 인디언의 혼혈인 메틱스들이었다. 그들은 기숙학교에 수용되어 백인 사회로의 동화를 위하여 영어와 백인의 문화를 교육받았고, 정신적 육체적인 학대 속에서 질병과 영양실조로 사망했다. 캐나다 원주민 기숙학교는 1883년경부터 1996년까지 100여 년간 정부와 가톨릭교회 주도로 운영되어 왔다. 전국적으로는 139곳에 이르렀고, 강제로 부모에게서 떨어져 수용된 원주민 아동은 15만 명에 달한 것으로 추산되었다. 캐나다 정부는 즉시 캐나다 진실화해위원회를 구성하여 7년간 원주민 기숙학교 문제를 조사했고, 2015년 보고서를 발표하기에 이르렀다. 그들은 최소한 원주민 학생 4100명이 영양실조, 질병, 학대 등으로 숨지거나 실종됐다고 발표했다. 그리고 이를 국가에 의한 제노사이드(집단·종족 학살)라고 규정했다.

캐나다, 민주주의의 희망

캐나다는 원주민 문제에 대하여 전향적인 태도를 보여주었다. 똑같은 문제를 안고 있는 미국이나 호주 정부가 인권단체의 요구에 성의 없는 답변만을 내놓는 가운데, 캐나다는 진정으로 반성하고 보상을 약속했다.

2017년, 쥐스탱 트뤼도 총리는 원주민 학살이 캐나다의 어둡고 부끄러운 역사라며 공식 사과를 했고, 정부 차원에서 캐나다 전역에 걸친 원주민 탄압에 대한 조사를 진행한다고 밝혔다. 캐나다 국민들은 진실 규명을 외쳤고, 원주민 학생들이 학살된 곳에는 시민들의 추모행렬이 이어졌다. 정부 기관은 조기를 내걸며 애도했고, 캐나다 '건국의 날'인 7월 1일의 기념행사를 취소하거나 대폭 축소하기에 이르렀다. 대신 유해가 발굴된 9월 30일을 '진실과 화해를 위한 국가 추념일'로 지정했다. 로마 교황청도 이 범죄에서 자유로울 수 없었다. 원주민 기숙학교의 범죄가 가톨릭의 주도하에 이루어졌기 때문이다. 쥐스탱 총리는 가톨릭의 참회를 촉구했다. 그것은 종교의 권위에 대한 도전이었다. 초기에는 '소식을 듣고 놀랐다.'는 반응만을 보였던 교황은 결국 공식적인 사과를 하기에 이르렀다. 원주민 단체들은 로마교황청에 범죄에 대한 배상을 요구하고 있으며, 그 추이를 지켜보고 있다. 캐나다인들의 진심어린 사과와 진실 규명의 노력, 보상은 똑같은 문제를 안고 있는 미국의 여론에도 영향을 주었다.

완벽한 것은 아니지만, 캐나다는 프랑스계 민족과 영국계 민족 간

트뤼도 캐나다 총리가 실종 및 살해된 원주민 여성에 관한 연설을 하고 있다.

의 대립, 원주민과 유럽 이주자의 대립, 또 백인과 아시아 이민자들의 대립과 갈등을 극복하며 자유, 평등, 박애의 민주주의 정신을 구현한 나라이다. 그것이 민주주의의 '형식'적 제도를 넘어서는 진정한 민주주의의 '내용'이라 할 수 있겠다.

미국

-백인 남성만을 위한 '민주주의'에

흑인과 원주민, 그리고 여성이 포함되기까지-

　미국은 현재 세계의 정치와 경제를 좌지우지하는 초강대국이다. 그러나 나라의 국력과 민주주의의 발전이 반드시 비례하지는 않는다. 민주주의는 국가 전체의 부도 중요하지만, 부가 적절하게 분배되는가의 문제도 중요하다. 물론, 일하지 않고 평등을 요구하는 것은 민주주의가 아니다.

　미국 독립 초기에는 캐나다와 마찬가지로 원주민과의 대결이 가장 큰 이슈였다. 거기에 흑인 노예 문제, 남미와 아시아에서 온 이민자에 대한 차별, 여성의 투표권 배제, 정통 기독교 중심주의 등으로 요약되는 백인 남성 우월주의 등이 미국의 민주화를 가로막고 있었고, 이것들을 하나씩 해결하고 극복해 나가는 과정이 바로 미국 민주주의의 역사이다.

　하지만 미국은 여전히 이 문제들을 완전히 극복하지 못하고 있다. 극심한 빈부격차, 흑인과 유색인종에 대한 혐오 등의 문제들이 그대로 남아 있는 것이 여전한 미국의 현실이다.

영국과의 불평등을 해소한 독립전쟁

신대륙의 발견 이후, 금광의 개발이나 인디언과의 무역을 위해 소규모의 유럽인들이 미국에 들어왔다. 개발의 주도권은 영국인들이 쥐고 있었다. 미국의 백인 인구가 급속히 늘어난 것은 17세기였다. 찰스 1세에 의해 청교도혁명이 억압되자 영국 민중의 삶은 궁핍해졌고 자기 나라의 미래에 대해 비관적인 생각을 하게 되었다. 그들은 새로운 꿈을 찾아 신대륙으로 이주하기 시작했다.

영국 이주민들은 급속하게 영토를 넓혀 나갔다. 1733년 미국의 동부지역인 대서양 연안에 남북으로 걸쳐 13개 구역의 식민지를 만들었다. 이들 식민지 주민들의 이민 동기는 남북 간에 크게 달랐다. 북부지역은 종교의 자유를 찾아 떠나온 청교도가 다수를 이루었고, 남부는 경제적인 부를 좇아온 이민자들이 다수를 이루었다. 이민자

플리머스 항에 정박 중인 메이플라워호.

미국 독립전쟁의 최대 규모의 전투였던 롱아일랜드 전투의 장면.

들은 스스로의 국가를 만들고 싶어 했으나 영국은 13개 식민지로부터 들어오는 막대한 부를 포기할 수 없었다. 영국은 자치권을 주기는 커녕, 더욱더 식민지에 대한 통제를 강화해 나갔다.

영국의 '권리장전', '프랑스 인권선언'과 함께 인류 역사에서 인권과 관련된 가장 중요한 문서로 손꼽히는 미국 독립선언문.

결국, 조지 워싱턴을 중심으로 13개 식민지가 연대하였고, 영국의 팽창을 두려워하는 프랑스의 원조를 받아 대영제국으로부터 독립을 쟁취하기에 이르렀다. 1776년 7월, 미국은 영국으로부터의 독립을 선언했고, 1783년 영국으로부터도 독립을 승인받았다. 1787년에 '미합

화가 존 트럼불이 그린 〈독립 선언문〉

중국 헌법'이 공표되었고, 1789년에는 초대 대통령이 선출되었다. 조지 워싱턴의 지도 아래 13개 주의 연합인 연방 국가가 발족하였다. 이 연방 국가가 미합중국(UNITED STATE OF AMERICA)의 모태가 되었다. 이렇게 하여 미국 민주주의의 최대 걸림돌이었던 영국의 식민지 지배 구조에서 해방되었다.

서부로의 팽창과 인디언, 흑인 노예에 대한 탄압

식민지 지배 구조는 청산했지만, 내부적으로는 반대의 방향으로 나아갔다. 미국은 독립 후에 프랑스와 스페인이 점유하고 있는 지역으로 나라의 영토를 넓히는 작업을 하였으며, 중부의 대평원은 물론

로키산맥을 넘어 태평양 연안까지 확장해 나갔다. 이는 필연적으로 원주민에 대한 추방, 탄압, 학살 등으로 이어졌다. 20세기에 전 세계적인 인기를 끌었던 미국의 서부영화에서 보여주는 잔인한 인디언의 모습은 미국인들의 적반하장적인 태도를 적나라하게 보여주고 있다.

1848년, 미국은 31개 주로 구성되는 광활한 영토를 소유하게 되었다. 경제는 비약적으로 발전했다. 그 디딤돌은 금을 비롯한 광물의 채굴과 곡물, 방직 공업에 필요한 면화였다. 경제적 풍요와 더불어 출산율이 증가하고, 유럽에서 새로운 이민자들이 들어와 인구도 급속히 불어났다. 그래도 노동력이 부족했다. 미국인들은 남부의 농업에 필요한 노동력을 확보하기 위해 아프리카로부터 흑인 노예를 사들이게 된다. 흑인 노예는 일하는 '동물'이었다. 그들에게는 어떤 인간의 기본권도 없었다. 백인 주인은 노예를 죽일 권리가 있었고, 신체의 일부를 절단하는 형벌을 가할 권리가 있었다.

미국인들은 유럽의 왕정에 반감을 지니고 온 청교도들이 대부분이었다. 그들은 유럽보다 먼저 민주주의 제도를 만들었다. 1783년의 미합중국 헌법의 공포는 1787년에야 시작된 프랑스 대혁명보다 앞선 것이었다. 실제로 프랑스 대혁명 당시, 프랑스인들은 미국의 독립전쟁과 헌법에 의한 통치, 대통령의 선출 등, 자유주의적인 정신과 민주주의 제도에 큰 경외감을 가지고 있었다. 이렇게 자유를 찾아 영국으로부터 온 청교도가 다른 인간의 자유를 억압하는 악순환이 발생하고 있었던 것이다. 미국의 민주주의는 유럽의 민주주의보다 앞서 있었다.

그러나 형식적인 제도로서는 앞섰지만 내용은 전혀 그렇지 않았다. 원주민과 노예, 여성이 철저히 억압된 백인 남성을 위한 제도였던 것이다. 그리고 그 여파는 현재까지도 지속되고 있다.

노예해방

미국의 독립과 헌법에 의한 국가 통치라는 민주주의 정신이 프랑스 대혁명에 영향을 주었다면, 이번에는 반대로 프랑스 대혁명의 자유 평등 박애의 정신이 미국에 영향을 주었다. 백인 남성들 사이에서 흑인의 인권에 대한 자각이 일기 시작했다. 그러나 일부 시민의 양심적 자각만으로 흑인 노예제도를 철폐하는 것은 힘겨웠다.

1862년 11월 《하퍼스 매거진》의 이 삽화는 남부 연합군이 붙잡힌 아프리카계 미국인들을 노예로 호송하는 모습을 보여준다.

남북 전쟁에서 전환점으로 평가되는 게티즈버그 전투의 한 장면.

흑인 노예해방 운동은 북부의 경제적 필요와 맞물리면서 그 필요성이 공론화되기 시작했다. 북부지역에서는 공업이 발전하면서 많은 노동력이 필요했지만, 흑인의 대부분은 남부의 농장에 수용되어 있었던 것이다. 또 북부는 청교도가 많이 이주함으로서 개혁적인 신교도가 주를 이루었던 반면에, 남부에는 보수적인 기독교 복음주의자들이 이주하여 살고 있었다. 독립운동 시에는 남북이 협조하는 형국이었으나, 날이 갈수록 남북의 주도권 싸움은 심해졌고, 급기야 노예 문제로 걷잡을 수 없는 상황이 되었다. 북부는 노예해방, 남부는 노예 제도의 존속을 주장했다.

결국 1861년, 남북 전쟁이 발발했다. 4년간 지속된 남북 전쟁은 북부의 승리로 끝났고, 해방된 노예들은 북부로 대거 이주했다. 백인

과 동등한 권리를 보장받지는 못했으나, 북부에서는 그나마 제한적인 자유를 누릴 수 있었기 때문이다.

북부로 유입된 흑인 노동력에 의하여 미국의 공업은 비약적인 발전을 하게 되었다. 바야흐로 세계의 중심이 유럽에서 미국으로 이동하기 시작했다. 미국의 자본주의는 부의 독점화의 경향이 두드러지게 나타났다. 미국 각지에 공업도시가 발달하였으나 현저한 빈부의 격차로 슬럼가가 형성되었고, 슬럼가에는 다시 흑인 노동자가 집단으로 거주하게 되었다. 흑인들은 남부의 노예에서 북부의 슬럼가 거주자가 된 것이다.

민주주의를 위한 미국인들의 투쟁

20세기에 들어서 미국은 세계의 초강대국이 되었다. 1차, 2차 세계 대전에서 연합국이 승리한 결정적 이유는 미국의 참전이었다. 그러나 전쟁으로부터 유럽의 민주주의를 구했지만 정작 미국의 민주주의는 유럽보다 더디게 발전했다. 그 이유는 미국이라는 나라가 성립된 환경에서 찾아볼 수 있다.

황량한 아메리카 대륙에서 인디언들과 투쟁하며 나라를 건설해야 했던 미국인들에게는 힘센 백인 남성의 이미지가 필요했다. 힘센 백인 남성의 이미지는 미국의 상징이 되었고, 유럽의 왕의 이미지와 같은 역할을 맡게 되었다. 백인 여성의 참정권조차도 유럽보다 훨씬 늦게 보장되었다. 여성의 권리를 주장하는 페미니즘 운동, 노동자의 권리를 주장하는 노동운동은 테러를 당하기 일쑤였다. 이렇게 미국의 민주주의는 유럽보다 더 험난한 과정을 통하여 수립되었다. 그러나 이조차 백인에게만 해당되는 일이었다. 미국 사회에는 여전히 인간으로서의 기본권을 보장받지 못하는 흑인이 있었다.

1940년대에는 이 사진에서처럼 버스정류장에 '유색인 대기실'이 따로 있었다. 흑인들은 열등한 대우를 받았으며, 이는 다양한 측면에서 불평등을 낳았다.

미국 민주주의의 허상, 흑인 차별과 혐오

흑인은 여전히 차별을 받았다. 그들은 백인과 같은 학교에서 공부할 수 없었고, 버스 좌석마저도 흑백이 나뉘어 있었으며, 심지어 하느님 앞에서 누구나 평등하다고 가르치는 교회에서조차 분리되어야 했다. 백인의 자리에 앉은 흑인이 구타당하거나 혐오 살인을 당하는 일이 빈번하게 발생했다. 이 차별은 음지에서 숨어서 행해진 것이 아니었다. 차별을 공식적으로 인정하는 법이 존재했던 것이다.

공식적인 흑인 차별법인 '짐 크로 법(Jim Crow laws)'은 1960년대에야 폐지되었다. 1960년대는 베트남 전쟁을 반대하는 반전운동이 미국에서 광범위하게 일어났는데, 흑인 인권 회복 운동은 반전운동을 이끈 백인 시민사회와 함께 거대한 민주주의 투쟁의 물결을 이루었다. 두 개의 운동 모두 평화와 인권, 평등의 추구라는 공통점이 있었던 것이다. 흑인 인권운동을 이끈 사람은 마르틴 루터 킹(Martin Luther King)이었다. 흑인 해방 운동에는 흑인뿐만 아니라 다수의 백인 시민이 참여했다. 마르틴 루터 킹은 지금까지도 진행되고 있는 흑인 인권운동의 상징이 되었다.

미국은 대통령을 수장으로 하는 행정부, 상원 하원으로 구분된 입법부, 사법부로 이루어진 연방정부가 있고, 다시 주지사를 행정부의 수장으로 주 의회, 주 법원을 둔 주정부로 이루어져 있다. 주는 각자의 독립적인 주 통치권을 행사하지만, 외교, 군사, 경제 등 국가 운영의 주요한 현안에 대해서는 연방정부가 통치권을 행사한다.

그러나 미국의 민주주의 제도는 언제나 배제시킨 계층을 기반으로 하는 백인 중심의 제도였고, 그 갈등과 불평등은 아직도 심각하게 존재하고 있다. 미국은 국력으로는 세계 1등이지만 세계인권기구의 민주주의 지수 평가에서는 유럽의 여러 나라보다 한참 뒤진 30위권에 머물고 있다.

마르틴 루터 킹(1929 ~ 1968)

마르틴 루터 킹은 미국의 침례교 목사였다. 1955년 12월, 그를 흑인 인권운동가로 만드는 사건이 몽고메리의 시립 공영버스 안에서 벌어졌다. 백인 좌석에 앉은 흑인이 살해들 당했던 것이다. 이 사건은 많은 사람들의 공분을 불러일으켰다. 마르틴 루터 킹은 차별을 반대하는 평화적인 시위를 이끌어 백인을 포함한 많은 사람들의 지지를 받았다. 정부는 1년 만에 이 사건에 대한 공식적인 사과를 하기에 이르렀다.

미국 정부의 공식적인 사과가 대수롭지 않은 것으로 보이지만, 당시의 미국 상황에서는 불가능한 승리를 쟁취한 것이었다. 이 사과는 흑인 사회에 차별법의 폐지를 향한 의지에 커다란 동력을 부여했다. 그는 줄기차게 흑인의 자유와 평등, 기본권을 설파하는 강연을 하였고, 시위를 주도하였다. 그의 연설을 듣기 위해 수많은 흑인이 몰려들었고, 미래에 대한 희망을 가지게 되었다.

흑인들은 불평등에 분노했지만, 한편으로는 200년 동안 지속된 억압에 익숙해진 나머지 불평등을 당연한 것으로 받아들이는 무기력함을 갖고 있었다. 마르틴 루터 킹은 흑인을 자각시키고 백인으로 하여금 흑인 인권에 관심을 갖도록 만드는 설득력 있는 연설을 했다. 그는 미국 정부에 의해 수차례 투옥 구속되었으나 불굴의 의지로 투쟁을 계속했다. 마침내 1963년, 백악관이 있는 워싱턴에서 수십만 명이 운집한 대행진을 주도했고, 백인과 흑인의 합류에 놀란 미국 정부로부터 차별법의 폐지를 이끌어 내게 되었다. 노벨상 선정 위원회는 1964년, 마르틴 루터 킹에게 노벨 평화상을 수여했다. 마르틴 루터 킹의 노선은 비폭력 평화주의였다. 당시 흑인 해방 운동에는 다양한 세력들이 있었다. 맬컴 엑스의 노선은 백인이 폭력을 행사하면 폭력으로 되갚는 것이 정당하다는 주의였고, 또 다른 세력은 비폭력 시위를 부정하고 법률 개정의 청원을 하는 미온적인 것이었다. 마르틴 루터 킹은 다양한 세력을 포용하고 융합하여 흑인의 단결을 만들어냈다. 그는 1968년, 멤피스 시위의 연설 도중 백인 우월주의자 제임스 얼 레이의 총에 피살되었다. 그의 나이 39세였다.

마르틴 루터 킹의 연설문 I have a dream. (나에게는 꿈이 있습니다.)

나에게는 꿈이 있습니다. 조지아 주의 붉은 언덕에서 노예의 후손들과 노예 주인의 후손들이 형제처럼 손을 맞잡고 나란히 앉게 되는 꿈입니다.
나에게는 꿈이 있습니다. 이글거리는 불의와 억압이 존재하는 미시시피 주가 자유와 정의의 오아시스가 되는 꿈입니다.
나에게는 꿈이 있습니다. 내 아이들이 피부색을 기준으로 사람을 평가하지 않고 인격을 기준으로 사람을 평가하는 나라에서 살게 되는 꿈입니다. 지금 나에게는 그 꿈이 있습니다.

나에게는 꿈이 있습니다. 지금은 지독한 인종차별주의자들과 주지사가 간섭이니 무효니 하는 말을 떠벌리고 있는 앨라배마 주에서 흑인 어린이들이 백인 어린이들과 형제처럼 손을 마주 잡을 수 있는 날이 올 것이라는 꿈입니다.

04

남아메리카의 민주주의

원주민들의 피로 얼룩진 민주주의,
유럽의 지배에서 독재자의 지배로

남미의 역사는 타 대륙만큼이나 오래되었지만, 16세기 유럽 제국주의의 침략 이후로 세계사에 기록되기 시작했다. 그 시기에 알려진 문명이 잉카, 마야 등이었다. 현대에 와서야 남아메리카의 고고학자들에 의해 자신들의 조상이 그보다 훨씬 오래 전에 남아메리카에서 살았다는 유적들이 발굴되고 있다. 잉카, 마야 등의 대제국을 건설하기 이전의 토착 원주민들은 고대 인류의 보편적인 민주주의 제도를 지니고 있었는데, 부족의 권력자가 아니라 대표자로서의 추장 등이 그것이다. 그는 대표라는 명예를 갖는 대신 부족의 민의를 경청하고, 갈등을 조정하며, 외부의 침입으로부터 부족을 지키는데 앞장서야만 하는 의무를 지니고 있었다.

　　남아메리카의 민주주의의 역사는 유럽의 식민지 지배로부터의 독립과 밀접히 연결되어 있다. 토착민 전부는 지배자들의 노예였고, 노예의 신분으로부터 탈피하려면 독립이 선행되어야 했다. 그 싸움은 오래 지속되었다. 20세기에 이르러서야 남미의 여러 나라는 독립을 했지만, 민주주의는 정착되지 못했다. 남미의 모든 나라에 식민지 지배자의 하수인 격인 독재정권이 들어섰다. 유럽제국주의는 식민지에서 철수하며 독재자를 심어놓고, 그를 통해 남미를 통치하는 전략을 취했다. 독재자의 대부분은 유럽에서 이주해온 자들의 후손이었다.

이제 민주주의를 위한 싸움은 독재로부터 벗어나는 것으로 방향이 전환되었다. 이 싸움은 토착민과 백인의 대립이 아니라, 민주주의를 쟁취하려는 토착민과 백인, 그리고 독재를 옹호하는 토착민과 백인의 싸움으로 전개되었다. 사회가 복잡한 구조로 발전하게 된 것이다. 이는 독재정권과의 싸움뿐만이 아니라 그를 지원하는 미국이나 유럽과의 싸움이기도 했다. 간혹 한 나라에 민주정부가 들어서면 미국과 유럽 열강은 독재세력을 지원하여 민주정부를 전복시키곤 했다. 그것이 자신들의 이해에 부합하기 때문이었다. 현재까지도 남아메리카 여러 나라의 민주주의는 요동치고 있고, 그런 가운데 불안한 진전을 이루고 있다. 남아메리카의 대국인 브라질과 아르헨티나의 민주주의를 대표적으로 살펴본다.

브라질
-토착민과 혼혈의 인권을 회복해가는 과정-

　브라질은 국가 통합을 위한다는 명분으로 인종 분류를 엄격히 금지하고 있다. 비공식적인 통계만으로 인종의 비율을 알 수 있는데, 백인과 유색인종의 비율이 엇비슷하다. 유색인종에는 아마존 원주민, 노예로 들어온 흑인, 백인과 혼혈된 메스티소 등이 포함된다. 이 정책을 뒤집어서 생각해보면, 백인과 유색인종의 대립이 존재하고 있다는 것을 의미하기도 한다.

　유색인종은 국가의 정책에서 배제되어 왔다. 브라질 민주주의의 발전 과정은 백인 정당 간의 대결로 이어져 왔지만, 밑바닥에는 유색인종의 권리를 인정하는 백인 정당과 인정하지 않으려는 정당 간의 대결이었다. 즉, 유색인종은 여전히 정치의 전면에 나서지 못한다. 과장하여 말하면, 그들이 성공하는 길은 '축구'뿐이다.

　브라질의 민주주의의 핵심은 인구의 절반이면서 빈민으로 전락한 유색인종(일본, 중국, 한국 이민자는 제외)이 얼마나 많은 민주주의의 혜택을 받는가에 달려 있다. 민주주의의 정의가 구성원 모두가 국가의 주인이 되는 정치 체제라면, 브라질에서는 구성원의 절반이 '주인'이 아닌 현실에서 살아가고 있기 때문이다.

식민지 지배의 시작

브라질에는 선사시대부터 토착민이 거주했다. 브라질 남동부의 미나스제라이스에서 발견된 화석 기록에 따르면 '인디우'라 불렸던 원주민들은 브라질에서 적어도 8000년 이상 살아온 것으로 추정된다. 인류학, 언어학, 유전학계에서는 브라질 원주민들이 아시아, 시베리아, 베링해, 알래스카, 캐나다, 미국 해안을 따라 내려왔다는 것을 거의 정설로 받아들인다. 그러나 '인디우'의 역사는 무시되고 포르투갈의 지배로부터 세계사에 편입된다.

1500년 무렵, 페드루 알바루스 카브랄이 함대를 이끌고 브라질

페드루 알바루스 카브랄이 브라질의 해안에 도착하는 모습.

의 해안에 도착했다. 신식무기로 무장한 포르투갈 함대는 힘들이지 않고 브라질에 발을 딛고 식민지로 만들었다. 1548년, 포르투갈 왕실은 체계적으로 식민지를 지배하기 위하여 총독부를 설치했고, 왕족과 귀족이 세습적으로 총독으로 부임했다. 아울러 포르투갈로부터 많은 백인들이 이주해왔다. 이들은 땅을 개간하려는 귀족, 토착민들을 기독교로 개종시키려는 선교사, 신대륙에서 돈을 벌려는 이주자들이었다.

식민지에는 대규모의 사탕수수 농장이 만들어졌다. 토착민들은 사탕수수 농장에 고용되어 일을 했다. 곧 토착민의 인구가 거의 전멸되다시피 했는데, 유럽인들이 보유하고 있던 홍역과 천연두, 결핵, 임질, 독감 등의 세균 때문이었다. 원주민들에게 없었던 질병을 옮겼기 때문에 면역이 없던 원주민들 수만 명이 죽었다. 질병은 원주민 간의 교역로를 따라 빠르게 퍼져 나갔고, 곧 유럽인들과 직접적인 접촉 없이도 부족들 모두가 전멸하다시피 했다. 원주민들이 유럽의 질병에 대한 항체를 갖는 시간이 오래 걸려서, 그 수가 현격히 줄었고 그에 따라서 농장의 경영을 위한 인력이 부족하게 되었다. 노동력이 부족해지자 아프리카에서 대규모로 흑인 노예들을 들여왔다. 토착민과 흑인, 유색인종과 백인이 섞이며 혼혈인들이 탄생했고, 그들은 유색인종으로 분류되었다. 이렇게 하여 브라질의 현재와 같은 지배구조가 형성되었다. 한쪽은 선교사, 지주, 유럽 이민자이고 한쪽은 토착민, 흑인, 메스티소라고 할 수 있다.

브라질의 독립

1822년 브라질은 포르투갈로부터 독립을 쟁취했는데, 이는 진정한 의미의 독립이 아니었다. 이는 브라질의 백인 지배층에 의한 브라질 제국의 선포로 이어졌다. 백인들은 포르투갈 왕가의 황태자로 브라질에 파견되었던 페드루 1세를 황제로 추대했다. 이는 식민지 시대의 엘리트 계층이 독립 후에도 권력을 잡고 유지하는 것을 의미했다. 식민지에 정착한 엘리트들은 브라질의 부가 포르투갈로 이전되는 것을 달갑지 않게 생각했던 것이다. 나아가 페드루 2세 때는 영토 확장을 꾀하여 오늘날과 같은 광대한 영토를 차지하게 되었다. 사회구조는 식민지 지배 시절과 다르지 않았다. 왕을 옹립한 채, 소수 백인의

페드로 1세는 포르투갈의 식민 지배를 종식하고 브라질이 독립 국가라는 것을 선포했다.

지배층이 대다수를 지배하는 구조였다. 이 구조는 독립 후 65년 동안 지속되었다.

노예제도와 왕정의 폐지

브라질의 노예제도의 폐지는 미국의 노예해방보다 뒤늦게 이루어졌다. 독립 후에도 사탕수수 농장의 토착민과 흑인은 여전히 노예로 살고 있었는데, 미국의 노예해방 이후 백인 사회에서 노예제도가 존속되고 있는 국가는 브라질뿐이었다. 이 비인간적 제도는 브라질 백인들 중의 일부분인 양심적인 세력들로부터 비판을 받았다. 이렇게 민주주의의 정착을 위한 백인과 유색인종의 연대가 생기기 시작했다. 노예해방운동은 전 국민적 운동으로 발전했고, 1888년 드디어 노예해방법이 공표되면서 노예제도는 공식적으로 폐지되었다. 그러나 이

노예제 폐지 문서,
그리고 브라질 보투카투에
있는 노예폐지 121주년
기념 동상.

운동이 곧바로 민주주의 제도의 정착으로 이어지지는 못했다.

공화국을 빙자한 독재와 카페 콩 레이치(cafe com leite)

페드루 2세는 물러났으나 뒤를 이은 정부는 공화국을 빙자한 군사독재였다. 1889년 그들은 자유를 열망하는 국민들을 사회혼란 운운하며 탄압했고, 군사쿠데타로 왕정을 무너뜨리고 스스로 통치자가 되었다. 1891년 신헌법을 공표하고 미국을 참조하여 대통령제, 양원제, 연방제, 삼권분립을 기초로 하는 제1공화국을 탄생시켰으나, 민주주의적인 제도라고 보기에는 한계가 분명했다.

먼저 여성과 문맹자에게는 투표권이 없었다. 또 대지주의 입김이 정치를 좌지우지했다. 대지주들의 아래에는 각각 수만 명의 농민, 노동자들이 있었는데, 그들은 농민과 노동자들에게 생계를 담보로 압

1889년 군사쿠데타와 공화국 선포.

카페 콩 레이치는 미나스제라이스주와 상파울루주의 대지주와 자본가들의 과두 지배 정치체제였다.

력을 가하며 부정을 저질렀고, 자신들이 원하는 후보에게 몰표를 선사할 수 있었다.

이 시기의 특이한 선거제도는 '카페 꽁 레이치(cafe com leite)'였다. 카페 콩 레이치는 '카페 라떼'의 포르투갈어 표현이다. 브라질에는 여러 연방 정부가 있었지만 토착민과 메스티소가 대규모로 거주하는 중북부는 들러리였고, 가장 막강한 힘은 대지주들과 백인 자본가들이 몰려 사는 상파울로주와 미나스제라이스주에 있었다. 상파울루 공화당과 미나스제라이스 공화당은 모두 대지주와 자본가의 이해를 대변했고, 번갈아가며 상대의 후보를 밀어주는 협정을 맺어 브라질 대통령을 독점했다. 카페 꽁 레이치는 상파울로주의 주생산물인 커피와 미나스제라이스주의 주생산물인 우유를 합친 말로 두 주의 대지주와 자본가들이 하나로 연대한다는 의미이다. 이처럼 형태는 식민지 지배, 왕정, 독재, 공화국 등으로 변해왔다. 하지만 민주주의라는 이름에 걸맞는 실질적인 내용은 아무것도 없었다. 문헌상의 헌법과 노예제 폐지라는 단어뿐이었다.

민주주의와 군사쿠데타의 반복

　대지주와 소수 자본가를 대변하는 그들만의 대통령제는 50여 년 이상이나 지속되었다. 그동안에 자유롭고 공정한 선거에 대한 요구가 끝없이 이어졌다. 그 요구는 많은 사람들의 희생을 동반했다. 실종, 감금, 학살 등이 빈번하게 일어났다. 결국, 1930년 브라질 최초의 민주 정부라 할 수 있는 제툴리우 바르가스 정부가 탄생했다. 바르가스 대통령은 브라질 경제의 소수 독점화를 배격하고 국민들에게 부의 정당한 분배를 실시하는 정책을 취했다. 그는 대중들에게 열광적인 지지를 받았다. 하지만 곧바로 군사쿠데타로 실각하고 군사재판에 회부되기 전 자살한다.

　10여 년이 흐른 1961년, 다시 소외된 국민들의 지지를 받은 주앙 벨키오르 마르케스 굴라르(존 베우키오루 마르케스)가 대통령으로 당선되어 바르가스의 정책을 계승했다. 그러나 마르케스 정부도 오래 가

왼쪽은 1930년 혁명 당시의 게툴리오 바르가스의 모습이고, 왼쪽은 대통령에 취임하는 바르가스의 모습이다.

굴라르와 존 F. 케네디가 기자회견을 하는 모습.

지 못했다. 1964년, 다시 미국의 지원을 받은 카스텔로 브랑코의 군
사쿠데타로 실각했다. 이로부터 기나긴 브라질의 군사독재가 시작되
었다.

강대국이 세계의 독재정권을 지원하는 시대

이 시기는 미국과 소련이 대치하는 냉전의 시대였다. 미국과 소련은 각기
자신의 이해를 대변하는 정권을 만들기 위해 혈안이 되어 있었다. 그들에게
중요한 것은 그 나라의 민주주의가 아니라, 자기 말을 잘 듣는 꼭두각시 정
권이었다. 소련은 아프리카와 아시아, 동유럽에 많은 친소국가를 두었고, 미
국은 중남미와 아시아의 여러 나라의 친미정권을 지원했다.

장기 군사독재와 민주주의의 실종

　1964년 쿠데타를 일으킨 카스텔로 브랑코는 군사독재 체제를 확립하고, 친미반공 정책을 취했다. 그는 미국의 전폭적인 지원을 받아 농업 위주의 브라질 경제를 공업 위주로 바꾸는 정책을 펴나갔다. 이 경제정책은 어느 정도의 성과를 거두었다. 그러나 1973년 중동전쟁으로 인한 유가 상승으로 브라질 경제는 다시 추락했다. 브라질 경제는 여전히 소수에게 독점되는 구조로, 광범위한 중산층이 형성되지 못했기 때문에 위기에 대한 전 국민적 저항력이 없었다. 경제 성장은 멈추었고, 소득격차의 증가로 인해 범죄 발생 비율이 비약적으로 상승했다.

　가장 큰 문제는 군사정권에 의한 인권 유린이었다. 인권 유린에 저항하는 시위가 잇달았고, 급기야 카를로스 마리게라의 민족해방행

군사독재에 반대하는 학생들의 행진, 그리고 고문 희생자들을 기리는 기념물이다.

동(ALN)과 10월 8일 혁명운동 그룹 등 무장 투쟁을 마다하지 않는 급진적인 단체들이 생겨났다. 군사독재정권 초기에는 가시적인 경제적 성과를 빌미로 민주주의를 탄압할 수 있었으나, 경제의 추락으로 더 이상 독재의 구실이 사라져 버린 것이다.

1974년, 군인인 에르케스트 가이젤이 다시금 대통령에 취임하자 저항은 전 국민적으로 일어났다. 민주주의를 요구하는 백인 사회의 시민들, 언제나 차별받았던 토착민과 흑인은 연대하여 문민정부로의 이양을 촉구했다. 그러나 정권은 다시 군사정부인 존 바티스타 피게이레도 대통령에게 이전되었고, 1979년이 되어서야 어쩔 수 없이 민정으로의 이양을 공약하기에 이르렀다. 그로부터 다시 6년이 흐른 1985년에야 민주적인 선거가 실시되어 탄크레도 네베스가 대통령에 취임했다. 1961년의 존 베우키오루 마르케스 대통령에 이어 24년의 시간이 흐른 뒤였다.

1984년 민주화운동 당시의 모습과 1985년 민주적인 선거를 통해 탄크레도 네베스 대통령의 모습.

민주주의의 제도화, 그러나 여전히 위협받는 민주주의

이후 브라질은 형식적으로는 민주주의 제도를 정착시켜 정책을 달리하는 좌파 정당과 우파 정당이 대립해왔다. 그러나 이 좌우파의 대립은 유럽이나 캐나다, 미국 등의 대립과는 성격이 전혀 다르다. 브라질의 우파는 보수적이라기보다는 '파시즘'적인 정권이다. 그 이유는 아직도 국민의 절반인 토착민, 흑인, 메스티소를 동등한 시민이 아니라 지배의 대상으로 보는 백인 식민주의적 시각이 뿌리 깊게 박혀 있기 때문이다. 그들은 민주주의 정권의 토착민 평등 정책을 좌파 공산주의라는 이름으로 공격하는데 익숙하다. 그 세력은 아직도 브라질의 정치, 경제, 사법부, 문화계 곳곳에서 위력을 발휘하고 있다. 브라질은 아직도 식민지배자들의 영향력 아래에 있는 나라로, 한쪽으로 심각하게 기울어진 운동장과 같다. 좌우라는 정치적 구분은 유럽처럼 평등한 시민사회를 구현한 이후에나 가능한 일이다.

룰라와 보우소나르

2000년대에 접어들면서 브라질의 민주주의는 롤러코스터를 탄 것처럼 요동치고 있다. 룰라는 2002년과 2006년 연달아 브라질의 대통령으로 선출되어, 소수에 의한 부와 권력의 독점을 완화하고 토착민과 유색인종에게 정당한 권리를 주는 정책을 실시하였다. 그의 대표적인 정책은 아마존 원주민 보호법과 빈부의 격차를 해소하기 위

2002년과 2006년 브라질의 대통령으로 선출된 룰라의 대통령 취임식 장면(왼쪽)과 브라질의 '트럼프'로 알려진 보우소나루의 취임식 장면(오른쪽).

한 최소한의 복지제도라 할 수 있다. 브라질 인구의 절반 이상은 아직도 열악한 환경 속에서 살고 있다. 룰라는 곧바로 식민주의자들에 의해서 공산주의자라는 공격을 받았고, 그들이 장악한 의회에 의해 뇌물죄로 탄핵되었고, 검찰과 법원에 의해 투옥되었다.

2019년 정권을 장악한 보우소나루는 군인 출신의 대통령으로서 '브라질의 트럼프'로 불렸다. 그는 트럼프와 마찬가지로 백인 우월주의, 인종주의, 기독교 중심주의, 반공주의를 공개적으로 표방하고 브라질을 소수 백인 우월주의자들이 좌지우지하는 사회로 되돌려놓았다. 이처럼 브라질의 우파는 극우적인 성격을 띠고 있다. 그들은 민주주의를 요구하는 사람들에게 아직도 공산주의자라는 이념적 공세를 하는데, 이런 공격이 대중에게 지지를 받는 것이 브라질의 안타까운 현실

룰라의 대통령 당선 후에 브라질 의회를 공격하는 폭도들의 모습.

이기도 하다. 아직 성숙한 시민사회가 형성되지 못한 것이다.

    룰라는 브라질 대법원에서 무죄판결을 받았고, 2022년 다시 대통령 선거에 출마하여 당선되었다. 보우소나르는 공공연하게 룰라의 취임을 반대하는 폭력시위를 선동했고, 그의 지지자들은 브라질 의회와 대통령 궁을 점거했다. 또 룰라 정부를 전복시키기 위한 군사쿠데타를 모의한 정황도 발견되었다. 식민지 지배, 독립과 왕정, 공화정과 군사독재, 민주정부와 극우를 반복하며 현재에 이른 브라질의 민주주의는 아직도 불안한 위치에 있다. 형식적으로는 삼권분립의 민주주의 제도를 채택하고 있지만 전 국민의 절반 이상이 빈곤에 시달린다. 이 사실은 브라질의 민주주의가 허구적이라는 사실을 증명한다. 민주주의는 제도 안에 채워지는 내용이기 때문이다.

02
아르헨티나
-Don't cry for me argentina!(울지 말아요, 아르헨티나!)의 나라-

아르헨티나는 브라질과는 다르게 백인이 주를 이루는 나라이다. 토착민이나 흑인의 비율이 높지 않은 이유는 브라질보다 선선한 기후로 인하여 풀만 자라는 대평원이 토착민들에게는 살기에 매력적인 곳이 아니었고, 그곳이 대규모 목장으로 개발되면서 브라질의 사탕수수 농장과 같이 많은 노동력을 필요로 하지 않았기 때문이었다.

브라질이 포르투갈의 식민지였던 반면에 아르헨티나는 스페인의 식민지였다. 두 나라의 언어도 각기 다르다. 백인이 다수라고 해서 유럽의 민주주의가 쉽게 전파되지는 않았다. 백인은 두 부류로 나뉘어졌다. 초기의 백인들은 스페인으로부터 독립하면서 기득권을 물려받았다. 그 이후 상공업의 발전으로 많은 유럽인들이 이주를 하게 되었다. 그들은 토지를 소유하지 못했고 도시의 하층 노동자로 전락했다. 이렇게 대립은 구 식민주의자들과 신 이주자이자 노동에 종사하는 세력들 사이에서 생겨났다.

아르헨티나는 20세기 중반까지만 해도 세계적인 경제 강국이었다. 그러나 발전을 지속하기 위해서는 민주주의의 발전이 동시에 필요하다. 사회적 불평등과 경직성은 어느 정도까지는 경제발전을 가능하게 하지만 곧 한계에 직면하여 경제를 동맥경화로 이끈다. 경제 발전의 필요조건은 민주주의 제도인 것이다. 그러나 아르헨티나의 지배 세력은 기득권을 내놓으려 하지 않았고, 민주화 요구에 군사독재로 대답했다. 브라질의 극우 세력과 마찬가지로, 그들은 아르헨티나의 민주화 세력을 공산주의자라고 공격한다. 개개인의 평등한 권리 요구가 공산주의자라는 공격에 무너지는 것은 남아메리카의 여러 나라에서 공통적으로 일어나는 현상이다.

아르헨티나는 종종 아름답고 열정적인 나라로 인식된다. 탱고와 축구, 마라도나, 메시, 드넓은 목장, 미녀, 부에노스아이레스의 아름다운 해변 등으로 대표되는 아르헨티나의 이미지 속에는 수만 명이 학살, 실종된 독재정권의 역사가 있다. 브라질과 마찬가지로 아르헨티나의 민주주의는 불안하다. 현재까지도 아픔은 치우되지 않고, 기득권 세력과 시민사회의 대결이 펼쳐지고 있다.

아르헨티나의 역사

아르헨티나의 역사는 16세기까지의 식민지 이전의 토착민 시대, 1530년 무렵부터 1810년 사이의 식민지 통치 시대, 1810년부터

1880년까지의 독립과 국가 체제 형성의 시기, 1880년부터 현재에 이르는 시기로 나누어 볼 수 있다.

토착민 시대의 민주주의

식민지 이전의 시대 기원은 약 13,000년 전까지 거슬러 올라간다. 파타고니아에서 아르헨티나 최초의 인류가 거주한 흔적이 발견되었다. 이 시기의 아르헨티나 토착민은 과라니족으로 불리는 인디오들이었으며 부족을 이루고 살았다. 15세기 무렵 잉카 제국은 오늘날의 아르헨티나 북서부까지 진격해 왔고, 인디오 부족들을 정복하면서 과라니족과 잉카족 사이에 혼혈이 이루어졌다. 그들은 고구마를 주식으로 삼았고, 공동체의 생존과 평화를 위한 초기적인 민주주의 제도를 지니고 있었다. 그들은 부족연합의 대표를 돌아가면서 맡았다. 이는 어느 한 부족이 권력자가 되는 것을 방지하기 위한 제도였다. 만약 한 부족의 대표자가 부정을 저지르면 나머지 부족의 연합으로 그를 파면시킬 수 있는 권리가 있었다. 이런 사실들은 문헌으로 기록된 것이 아니라 인류학적 연구로 밝혀졌다. 현대의 인디오들에게는 변함없이 지속되는 생활 양식과 문화가 잔존한다. 그 연구를 통해 과거의 삶을 유추할 수 있다.

식민지 시대와 독립 선언

1516년 아르헨티나의 영토에 스페인 함대가 처음으로 들어왔다. 일부 지역을 점령하고 인디오들과 교역을 하던 스페인은 점차 세력을 넓혀 아르헨티나 전역을 정복했다. 드디어 1580년 부에노스아이레스를 중심으로 식민지를 건설했다. 스페인어는 아르헨티나의 공용어가 되고 가톨릭이 국교로 자리매김했다. 초기 백인들은 부에노스아이레스를 중심으로 몇 개의 도시에 모여 살았고, 토착민들은 외곽지역에서 살았다.

백인 정착민의 후예들은 점차로 스페인으로부터의 독립을 요구하게 되었다. 마침 1810년 스페인이 나폴레옹의 침략으로 혼란을 겪는 틈을 타서 독립을 요구했다. 스페인 정부는 아르헨티나 시민들의 요구를 거절했다. 국내 정치의 혼란을 극복한 스페인 왕실은 칠레와 페

스페인의 정복자 피사로가 잉카 황제 아타우알파를 붙잡는 모습.

'안데스 군'과 안데스산맥을 넘는 호세 데 산 마르틴의 모습.

루의 군대를 통해 아르헨티나의 반란을 진압하기 시작했다. 칠레와 페루는 물론, 브라질을 제외한 남미 전역이 스페인의 식민지였다.

1814년 아르헨티나의 호세 데 산 마르틴에 의해 아르헨티나 독립 군대가 조직되었다. 그는 안데스산맥을 넘어온 칠레와 페루의 왕당파 군대를 무찔렀다. 1816년 7월 9일, 아르헨티나는 독립을 선포한다. 그러나 독립을 주도한 아르헨티나 자유연맹(Liga Federal)은 브라질에서 공격해온 포르투갈 군대에 의해 무너졌고, 1828년 간신히 브라질과 정전협정을 맺었지만 아르헨티나의 일부가 파라과이와 우루과이로 분할되었다.

브라질 제국으로서는 소기의 목적을 달성했다. 그들의 목적은 아르헨티나의 대국화를 막는 것이었다. 그 시기 브라질은 포루투갈로부터 형식적인 독립은 이루었지만 여전히 식민지 지배자의 후예인 페드루 1세를 왕으로 추대하고 있었다. 이런 격변 때문에 민주주의는 정착되지 못했고, 부에노스아이레스에 근거지를 둔 후안 마누엘 데 로

사스에 의한 공포정치가 시작되었다. 공포정치의 구실은 아르헨티나의 분할을 방지하고 통일을 이룬다는 데 있었다.

공포정치에서 개발독재로

1852년 로사스가 축출되고 아르헨티나의 진정한 독립과 민주국가를 지향하는 헌법이 제정되었다. 1870년대부터 국토가 개발되기 시작했다. 대규모의 농지를 담보로 해외 투자와 이민이 밀려 들어왔다. 농업 생산성은 급격히 증가하고, 곡물과 육류의 수출로 아르헨티나의 경제는 비약적인 발전을 이루게 되었다. 이 과정에서 삶의 터전을 강탈당한 토착민들은 저항했고, 국가는 조직적으로 그들을 회유하

유럽에서 아르헨티나로 이민의 물결이 일었을 때, 부에노스아이레스에 도착하는 이탈리아의 이민자들.

고 탄압했으며, 그것이 통하지 않으면 학살했다. 이런 원주민 탄압은 식민지 독립 후 일어나는 세계적인 현상이었다. 국가 경제의 발전을 구실로 원주민들을 희생양으로 만들었다. 경제가 발전하면 그들에게도 성장의 결과를 분배할 것이라고 선전했지만, 언제나 소수 지주나 자본가를 위한 정책이었던 것이다.

1880년부터 1929년 사이에 아르헨티나는 세계 10대 경제부국으로 성장했다. 그것을 가능하게 만든 것은 곡물과 육류의 수출이었고, 헐값에 강탈한 원주민 땅에 대한 보상은 이루어지지 않았다. 유럽에서의 이주가 기하급수적으로 늘어났다. 아르헨티나의 인구는 수십년 전에 비해 5배로 증가했고, 경제는 15배로 성장했다.

단기간의 민주주의와 쿠데타

1912년에야 민주주의의 기초라 할 수 있는 자유선거 제도가 법제화되었다. 자유선거에 의해 민주주의자들의 연합인 '시민연맹'이 승리했다. 시민연맹의 이폴리토 이리고옌 대통령은 사회 경제적인 대개혁에 착수했다. 가장 핵심적인 사안은 소수에게 독점된 아르헨티나의 부를 형평성 있게 분산시키는 일이었다. 곡물과 육류의 수출로 단기간의 성장은 가능하나, 국내 소비가 활성화되지 못하면 경제성장은 멈춘다. 지속적인 성장이 가능하려면 국민에게 쓸 돈이 있어야 한다.

소수에게 독점된 부는 아르헨티나를 경제의 순환이 정체된 기형

1930년 아르헨티나 쿠데타 당시 아르헨티나 국회 밖에 모인 군중들의 모습.

적인 구조의 국가로 만들었다. 게다가 이 소수 상층부에만 집중되어 있는 부마저도 대부분 해외에 은닉되어 있었다. 소농과 자영업자에 대한 정부의 지원, 원주민과 도시 노동자에 대한 구제정책 등은 공산주의적 정책이라는 공격을 받았고, 마침 세계 대공황의 영향으로 아르헨티나 경제도 충격을 받았다. 그것을 빌미로 군부는 아르헨티나의 재건이라는 이름으로 쿠데타를 일으키게 된다. 다시금 암흑의 시기가 온 것이다. 1930년부터 1946년까지 군부에 의한 철권통치가 지속된다. 민주주의를 향한 집회, 시위, 결사의 자유는 금지되었다.

페론에서 군사독재

군부는 다시 민정 이양을 약속했다. 자유총선거에 의해 1946년 후안 페론이 대통령으로 당선되었다. 그동안 억눌렸던 욕구가 분출되었고, 페론은 개혁을 감행했다. 페론의 개혁은 아르헨티나 민주주의의 역사에서 가장 획기적인 것으로, 지금까지도 영향력을 발휘하고 있다.

아르헨티나의 민주주의 운동이 페론의 연장선상에 있다고 해도 과언이 아니다. 그는 노동조합의 결성을 자유화하고 사회의 저소득층을 위해 의무교육 제도를 실시했다. 그의 정책은 대중의 열광적인 지지를 받았다. 그의 아내 에바 페론(에비타, 그녀의 일생은 영화 《에비타》로도 제작되어 전 세계적인 인기를 끌었다. 주연은 미국의 팝 가수 마돈나가 맡았다.)은 서민적인 행보로 인기를 얻었는데, 노동자계급과 빈민들을 위한 복지정책을 추진하는 페론 재단을 직접 운영했다. 에비타는 다소 과묵한 페론 대통령과 국민 사이의 거리를 좁히는데 일조하였다.

1946년 취임식의 페론 대통령, 그리고 후안 페론과 에바 페론의 모습.

영부인 에바 페론은 어려운 사람들을 돌보았고 여성들의 투표권을 주장했다.

민주주의 정착에 관한 에비타의 가장 큰 업적은 여성 평등권의 회복에 있었다. 그녀는 여성의 정치 참정권을 이끌어냈으며, 그 성과를 바탕으로 여성주의당을 창립했다. 여성주의당은 아르헨티나의 민주주의 과정에서 소외되어 있었던 여성의 권리, 특히 빈민 여성의 기본권을 신장하는 데 지대한 역할을 했다.

페론은 국민적 지지 속에서 재선에 성공했다. 아르헨티나는 민주주의의 정착과 더불어 경제가 발전하는 모범적인 국가로 발전했다. 그러나 아르헨티나의 민주주의는 다시 후퇴하게 된다. 1952년 에비타는 33살의 나이로 사망했다. 그녀의 장례식에는 수십 만 명의 군중이 몰려 추모했다. 그녀의 사망 후, 가톨릭교회를 중심으로 보수적인 아르헨티나를 회복하자는 운동이 일어났다. 그 운동의 배후에는 대지주와 독점재벌이 연대한 반 페론 세력이 있었다. 1955년, 또다시 쿠데타

Don't cry for me argentina!(울지 말아요, 아르헨티나!)

뮤지컬의 포스터, 줄리 코빙턴의 앨범.

이 노래는 1978년, 영국의 작곡가 엔드루 로이드 웨버의 뮤지컬《에비타》에서 불리어 선풍적인 인기를 끌었다. 후안 페론이 대통령에 당선된 후, 에비타가 눈물을 흘리며 지지자들에게 불러주는 노래이다. 이 뮤지컬은 브로드웨이에서도 장기 공연되었다. 이 노래는 올리비아 뉴튼 존 등 많은 팝가수들에 의해 리바이벌 되었고, 전 세계적으로 가장 사랑받는 노래 중의 한 곡이기도 하다.

에비타는 공산주의자?

지금도 아르헨티나의 반 페론 세력은 에비타의 정책을 폄하하기 위해 열을 올린다. 무분별한 복지정책으로 재정을 악화시켜 아르헨티나의 경제를 망친 공산주의자라고 비난한다. 그러나 아르헨티나의 경제를 망친 주범은 독점적 대지주와 자본가들이었다. 그들은 불평등한 구조를 감추기 위해 예나 지금이나 여전히 공산주의라는 이름을 활용하고 있다. 그들이 부정으로 축적한 돈의 몇 퍼센트만으로도 빈민 구제 정책은 가능하다.

가 발생했고 페론은 스페인으로 망명하기에 이른다.

이후 페론주의 지지자들은 감금되고 정치 활동이 금지되었다. 그러나 군부는 자유총선거를 실시하라는 국민의 저항을 제압할 수 없었다. 1958년, 군부는 자유총선거를 통한 민정 이양을 약속했고, 선거에서 아르투로 프론디시가 대통령으로 당선되었다. 그는 페론의 정책을 일부 수용하였고, 그 이유로 군부의 잦은 간섭을 받았다. 결국 1962년 아르투로 프론디시 대통령은 반 강제적으로 사임했다. 다시 1963년 아르투로 일리아가 대통령에 선출되었다. 그 역시 페론의 정책을 수용하려 했고, 이에 위기감을 느낀 군부는 쿠데타를 일으켜 그마저 축출했다.

이 시기 아르헨티나의 군부는 국민적 저항에 부딪쳐 자유총선거를 실시할 수밖에 없었으나, 막후에서 실제적인 권력을 행사하는 집단이었다. 군부는 다시금 전면에 나서 아르헨티나를 통치했고 정권의 억압에 대한 국민들의 저항은 확대되었다.

페론의 재등장과 학살의 시간

억압적인 군부 독재정권은 토지 개발과 공공 건설에 대한 투자를 장려했다. 1975년까지 경제는 외형적으로는 발전했으나 부동산 개발에 의존한 소수에 의한 독점이었다. 민중의 생활 수준은 바닥을 쳤고 외채가 늘어났다. 성장의 열매는 나눠지지 않았다. 자유와 평등에 대한 국민들의 요구는 높아졌고, 스페인에 망명 중인 페론의 귀국 금지를 풀 것을 군사정부에 요구했다. 1973년 페론은 스페인에서 아르헨티나로 돌아올 수 있었고, 자유선거에 의해 대통령으로 선출되었으나

> ## 콘도르 작전
>
> 콘도르는 남북아메리카에 서식하는 조류로, 몸집이 독수리처럼 거대하고 머리의 피부가 드러나 있으며 동물의 사체를 주로 먹고 산다. 콘도르 작전은 남아메리카의 비밀공작원들이 자행한 암살 작전을 일컫는다. 이 작전으로 목숨을 잃은 사람은 최소 6만여 명 이상으로 확인되었고, 현재까지도 행방불명자의 유해가 발견되고 있다.
>
> 콘도르 작전은 미국의 지원하에 남미 각국의 비밀경찰에 의해 자행되었는데, 이는 남미에 친미정권을 유지하기 위해서였다. 살인은 아르헨티나, 칠레, 우루과이, 파라과이, 볼리비아, 브라질 등 남미 전역에서 자행되었다.

정책을 수행할 겨를도 없이 1974년 돌연 사망했다. 뒤이어 혼란의 시기가 찾아왔고, 1976년 3월 24일 군사 쿠데타가 발생했다.

이 군사 독재정권은 전 세계적으로 악명이 높았다. 그들은 스스로를 '위대한 아르헨티나의 재건을 위한 정부'라고 불렀다. 잔인한 수단을 동원하여 반대파인 민주주의 진영을 탄압했다. 그들이 민주주의 진영에 붙인 이름은 '공산주의'라는 딱지였다. 이 군사 독재정권

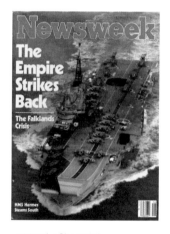

1982년 4월 19일자 〈Newsweek〉의 표지에 영국의 기함인 HMS Hermes가 등장했다. '제국의 역습'이라는 제목으로 포클랜드 전쟁의 시작을 알렸다.

은 미국의 CIA, 칠레의 비밀경찰국의 도움으로 비밀정보국을 설치했다. 칠레 역시 군부가 통치하고 있었다. 비밀정보국은 수만 명의 시민을 비밀리에 체포, 학살하여 암매장했다. 이 비밀작전은 '콘도르'라고 불리었다.

전례 없는 부패와 경제활동의 위축, 페소화 붕괴, 물가상승이 겹치면서 민중들은 가난에 허덕였다. 군사독재정권의 인권 유린과 부의 독점에 맞섰지만, 군부는 영국과 포클랜드 전쟁을 일으켜 대중의 관심을 애국주의로 돌리려 했다. 그러나 1982년 영국에 패하고 더 이상 지지기반이 없는 군부는 민정 이양을 공표한다.

불안하지만 희망적인 아르헨티나의 민주주의

이어 들어선 라울 알폰신 민주주의 정부는 행방불명자의 유해를 찾고, 군대의 정치 중립을 법제화했다. 학살을 자행한 군부의 핵심층은 종신형을 선고받았다. 그러나 아르헨티나는 이후 극심한 경제침체에 시달렸다. 군부와 결탁했던 세력들이 독점했던 국가의 부는 외국으로 빼돌려졌고, 군사독재정권이 남긴 외채를 민주정부가 떠안았다.

라울 알폰신은 경제를 되살리기 위해서 여러 가지 정책을 썼다. 그럼에도 불구하고 알폰신은 경제침체를 극복하지 못했다. 그는 결국 임기를 채우지 못하고 사임했다. 현재까지도 아르헨티나는 경제가 극심하게 침체되어 있다.

이제 아르헨티나의 형식적 민주주의는 정착되어 과거와 같은 군사독재로 회귀하지는 않을 것이다. 그러나 군사독재의 자리를 민간 극우 정권이 대신하는 경우가 많다. 그들은 지금도 강대국이었던 아르헨티나의 경제를 망친 주범이 페론의 '공산주의 정책'이라고 공격하며 자신들의 극우적 정책을 합리화한다. 극우적 정책이란 식민주의적 독점의 맥을 답습하는 것이다. 그러나 아르헨티나의 문제의 원인은 페론의 민주주의적 정책이 아니었다. 식민주의, 독재, 군부의 통치에 의한 경제정책의 비민주성과 부의 심각한 불균형, 정치의 전근대성에 있다. 그 사실을 분명히 자각하는 과정이 아르헨티나 민주주의의 과정이기도 하다.

05

아프리카와 아랍의
민주주의

불가능한 민주주의, 그러나 희망은 있다

중남부 아프리카

아프리카 대부분의 나라에서 민주주의는 요원하다. 15세기 대항해시대부터 유럽의 국가들이 식민지를 건설하였던 아프리카의 각국은 2차 세계대전이 끝나고도 한참이 지나서야 겨우 독립을 했다. 이들 국가들의 독립은 주로 1960년대와 1970년대 이루어졌다. 남미와 마찬가지로 유럽침략자들은 식민지에서 물러나면서 자국의 이익을 대변하는 정권을 낙점했다. 그들은 유럽제국주의를 반대하는 세력을 소탕하기 위해 무기와 자금 지원을 아끼지 않았다.

반대로 몇몇의 나라에서는 '아프리카의 진정한 해방'을 내건 정권이 들어서기도 했지만, 곧바로 잔인한 독재로 이어졌다. 유럽의 이해를 대변하든, 진정한 해방을 원하든, 민주주의와는 거리가 멀었다. 남미의 민주주의가 독립 후 200여 년이 지나도록 완전히 정착하지 못한 것처럼, 아프리카의 민주주의는 정착하는데 오랜 시간이 걸릴 것이다.

아프리카 각국에도 민주주의의 형식적 제도는 존재한다. 그들도 자유선거로 대통령을 뽑고, 의회를 구성한다. 문제는 내용에 있다. 자유선거의 이면에는 부정이 난무하고, 선출된 자는 국민을 위해 일하지 않는다. 즉, 민주주의의 외피는 합법적 독재를 위한 구실일 뿐이다. 그러나 그 와중에도 아프리카 각국의 국민들은 민주주의를 향해 나아가고 있다. 무너뜨리기 힘든 것처럼 보였던 독재와 차별의 벽이 조금씩 무너지고 있다. 특히 남아프리카 공화국의 인종분리정책 폐지와 자유선거를 통한 대표자의 선출은 불가능이 가능이 되는 기적이 되었다.

북부 아프리카와 아랍국가

아프리카 북부는 지형적으로는 아프리카에 속한다. 하지만 인종, 종교적으로는 아랍과 밀접한 관계에 있다. 북아프리카에는 중동과 마찬가지로 백인의 한 분파인 셈족, 햄족의 후예들이 살고 있고 종교적으로는 이슬람교를 믿고 있다. 북아프리카와 아랍 국가의 대부분은 아직도 왕정국가이다. 유럽 열강이 식민지에서 철수하면서 구 왕족에게 국가의 통치권을 이양했다. 그 이유는 반 식민주의 세력이 태동하는 것을 사전에 차단하기 위함이었다.

아프리카 북부 국가들은 왕족이 국가의 부를 대부분 가지고 있고, 민주주의의 초기 형태인 삼권분립은 아예 존재하지도 않으며, 아울러 투표를 할 이유도 없다. 나아가 여성의 기본권은 최악이다. 아직도 여성은 사회활동에 많은 제약이 있다. 심지어 운전을 할 권리가 없는 나라도 있다. 남편과 동행하지 않고는 방문할 수 없는 장소도 많다. 왕정이 무너진 나라도 이슬람 율법에 의한 통치를 하고 있다. 형식상으로는 공화국이지만 종교를 이용한 독재가 서슴없이 진행되고 있다. 중남부의 아프리카 각국과 마찬가지로 북아프리카와 아랍의 민주주의도 요원한 것처럼 보인다.

아프리카와 아랍은 세계인권기구가 발표하는 민주주의 평가에서 북한 다음으로 낮은 점수를 받고 있다. 그러나 2010년을 전후하여 아랍과 북아프리카의 여러 나라에서 동시다발적으로 민주주의를 향한 거대한 파도가 일기 시작했다. 그들은 왕정의 폐지, 공화국을 빙자한 독재의 폐지, 여성 권리의 회복, 자유총선거, 종교와 정치의 분리 등을 주장했다. 나라마다 처한 위치에 따라 구체적인 내용은 달랐으나, 공통점은 자유 평등 박애의 이념을 자기 나라에 실현하는 것이었다. 이 민주화운동은 견고한 왕정과 독재, 종교의 벽을 넘어서지 못했다. 그러나 실패를 통해서 아랍의 봄은 언젠가는 실현될 것이다. 세계의 어느 나라건, 민주주의가 쉽게 정착한 나라는 없었다.

01

남아프리카 공화국

-아라파트헤이트(Apartheid), 인종분리정책의 폐지를 위한 기나긴 저항-

토착민의 시대

남아프리카 공화국에 처음으로 인류가 살기 시작한 것은 300만 년 전이다. 스테르크폰테인, 스와르트크란스인, 크롬드라이인 등의 화석이 고고학자들에 의해 발견되었다. 이후 코이코이족, 코사족, 그니족, 하이펠트족이 뒤를 이었고, 소토족, 츠와나족이 출현하면서 철기를 사용하고 농경과 목축으로 생산력을 증가시켜 작은 부족국가 연맹체를 이루었다. 이들은 남미의 잉카족이나 마야족처럼 문명을 건설하였는데, 1050년부터 1270년까지 북부의 마풍부에서 고도의 도시문명을 건설했던 유적이 발견되었다. 그들은 아메리카의 토착민들처럼, 생존을 위한 초기적 민주주의 제도를 지니고 있었다. 거친 자연과 외부의 침입으로부터 자신들을 보호하기 위해서는 공동체를 건강하게 유지해야 했으며, 그 방법은 일인의 권력에 의존하는 것이 아니라 다수의 지혜와 힘을 모으는 데 있었다.

아파르트헤이트(Apartheid)

아파르트헤이트 시대의 표지판.
공공 장소의 편의 시설은 백인만이
사용할 수 있었다.

아파르트헤이트는 남아프리카너(South Afrikaner)의 극우정당인 국민당에 의해 1948년 공표된 유색인종에 대한 노골적인 차별정책을 말한다. 이는 백인과 흑인을 완전히 분리시키는 정책으로 나치의 유대인 탄압에 버금가는 잔학 행위였다. 거주지, 학교, 직업이 백인과 흑인의 영역으로 분리되어 있었고, 이에 저항하는 흑인은 헌법 위반으로 체포, 구금, 사형을 언도받았다. 넬슨 만델라를 중심으로 한 기나긴 투쟁 끝에 1994년에야 폐지되었다.

남아프리카너(South Afrikaner)는 옳은 표현일까?

17세기 중엽 유럽에서 식민지 초기에 이주해 남아프리카에 정착한 백인들이 자신들이 남아프리카의 주인이라는 것을 강조하기 위해 스스로를 일컫는 말이다. 이는 도적이 주인이라고 우기는 것과 같다. 그들은 주로 종교의 자유를 찾아 네덜란드에서 온 신교도들이었는데, 자신들의 자유는 소중하게 생각하고 흑인들의 자유는 말살했다.

식민지 지배의 시대

남아프리카의 불행은 1488년에 시작되었다. 바르톨로뮤 디아스

보어인의 원조인 포르투갈의 탐험가 바르톨로뮤 디아스, 그리고 네덜란드의 식민지 개척자
얀 반 리베크(Jan van Riebeeck).

가 희망봉에 도착하면서 남아프리카의 존재가 유럽에 알려졌다. 그러
나 초기에는 경제성이 없는 황무지로 보였기 때문에 유럽인들은 별
관심을 기울이지 않았다. 그러던 중, 인도항로의 중간기착지로서의 중
요성이 부각되고 자원을 발견하면서 토착민을 쫓아내기 시작했고,
1657년 현재의 케이프타운에 백인의 정착지를 건설했다. 이 초기의
이주자들을 보어인(Boer)이라고 부른다.

영국의 남아프리카 공화국 정복과 보어전쟁

영국은 함대를 파견하여 케이프타운을 정복했다. 도시의 공용어
는 영어가 되었고, 1820년부터는 대규모의 영국 이민자가 남아프리카

보어인(Boer)는 어디서 온 말일까?

1차 보어전쟁에서 영국군에 맞서 싸우는 보어인의 모습.

보어(Boer)는 농장주를 뜻하는 네덜란드어이다. 보어인의 주류는 네덜란드에서 왔지만 출신지는 영국, 프랑스, 독일 등 다양하다. 이들의 정체성은 종교, 사상 등의 이유로 유럽의 본국과는 다르게 변해왔다. 그들은 스스로가 이 땅의 주인이라는 의미로 아프리카너라고 불렀고, 영국이 남아프리카를 정복하려고 할 때, 자신들의 이익을 지키기 위해 독립전쟁을 벌였다. 그것까지는 정당한 방어라고 할 수 있으나 나치의 유대인 학살을 옹호하고 극악한 아파르트헤이트 정책을 펴는 등의 만행을 서슴지 않고 자행했다. 남아프리카 백인의 주류를 형성하고 정치 경제를 지배하고 있으며 그 인구는 현재 320만 명 정도이다.

공화국으로 들어오기 시작했다. 보어인들은 외곽에서 농장을 운영했다. 1833년 영국에서 노예제도가 철폐되자 식민지인 남아프리카 공화국도 영국법에 의해 노예제도가 철폐되었다. 노예제도의 폐지는 대규모 농장을 운영하는 보어인들에게 심각한 노동력 부족 현상을 불러일으켰고, 이로 인하여 영국에 대한 보어인들의 불만은 극에 달했다. 보어인들은 내륙으로의 진출을 감행하여 흑인 부족인 소토족, 데베레족, 줄루족 등을 정복하여 노동력을 확보하려고 하였고, 이에 저항하는 줄루족과 데베레족은 필사적으로 투쟁했다. 이 시기 남아프리카 공화국은 영국의 점령하에, 영국인, 보어인, 토착민이 전쟁을 벌이는 혼란의 시기였다. 영국인과 보어인은 식민지 지배의 주도권을 쥐기 위해 싸웠고, 토착민은 자신들의 영토를 사수하기 위해 싸웠던 것이다.

자치 식민지 시대와 기만적인 민주주의 제도

영국은 남아프리카 공화국을 영연방으로 존속시키며 자치권을 부여했다. 자치권의 주체는 보어인과 영국인이었다. 1853년 의회가 설립되었으며, 영국령 내의 자치 식민지로 길을 걸어갔다. 형식적으로 영국

1900년경 지붕 달린 마차를 타고 여행하는 보어 가족의 모습.

의 민주주의 제도가 이식되었으나 기만적이었다. 이 제도는 인종을 가리지 않고 투표권을 준다고 명시하였으나, 일정액의 재산을 소유해야 권리가 주어졌다. 투표의 권리가 주어진 토착민은 전체의 15%를 넘지 못했고, 그런 이유로 한 번도 유색인종의 대표자가 선출되지 못했다. 그들은 다수파인 보어인이 선출되는데 활용되는 역할을 할 뿐이었다.

노골적인 인종차별과 영국으로부터의 완전한 독립

1910년 5월 31일, 남아프리카의 전역이 통일되었다. 이때 가장 중요한 문제는 아이러니하게도 흑백문제가 아니라 백백문제였다. 즉 백인인 영국계와 보어계의 이권다툼이었다. 흑인의 권리는 그들의 고민 밖에 있었다. 도시의 상공업을 장악한 부유한 영국계와 외곽에서 농장을 운영하는 보어계는 정치 경제 곳곳에서 마찰을 일으켰다. 그들이 합의한 것은 흑인을 희생해서 두 백인계의 격차를 줄이는 방법이었고, 영국계는 보어인들에게 흑인의 노동력을 합법적으로 착취하는 법안을 통과시켜 주었다. 그리하여 보어인은 영국계와 맞먹은 경제적 이익을 거두었다.

1910년 남아공 정부의 다수당이 되어 정권을 잡은 남아프리카당은 백인의 특권을 명시하고 흑인의 차별을 문서화한 법을 통과시켰다. 급기야 1913년에는 흑인의 토지 소유를 금지하고, 그들을 집단 거주지에 가두는 법을 제정하려는 움직임을 보였다. 여기까지는 보어인과 영국계 모두의 지지를 받았다. 그러나 광산채굴권을 영국계에게 주는 정책을 펴자, 보어계는 내각을 뛰쳐나와 극우적인 국민당을 창당했다.

국민당 정권은 백인 특히 보어인(아프리카너)의 특권 보호를 위한 정책을 펴나갔다. 자신들의 주 수입원인 농장의 농산물 가격 보호, 흑인 노동자와 구별되는 백인 노동자 정책, 백인 여성에게 참정권을 부여하는 정책 등이 그것이었다. 1925년에는 남아프리카 공화국의 공용어를 아프리칸스어로 변경했다. 아프리칸스어는 식민지에서 변형된 영어였다. 1927년에는 '풍기문란법'이라는 괴상한 법을 만들었는데, 이는 백인들의 순수 혈통을 지키기 위해서 흑백 간의 연애를 금지시키는 정책이었다. 1931년 웨스트민스터 헌장이 채택되어 남아프리카 공화국은 캐나다나 오스트레일리아와 같이 영연방으로 남아 있지만 독립국의 지위를 가지게 되었고, 국내 정치와 국제외교에서 완전한 주권을 획득하였다.

아프리카의 '나치'

제2차 세계대전은 남아프리카 공화국의 경제를 비약적으로 발전시켰다. 영연방으로서 연합국의 편에 서기는 했지만, 전쟁 지역에서 멀리 떨어져 있는 관계로 피해는 입지 않고 대신 전쟁 물자를 수출하여 막대한 돈을 벌었다. 극우인 보어인의 국민당은 나치의 편에 섰다. 그들은 남아프리카 공화국이 연합국의 편에 서는 것을 반대하는 시

아파르트헤이트의 주요 내용과 나치의 인종주의와의 유사성

인종 간 결혼을 금지시켰던 잡혼 금지법(1949년), 인종별로 거주지를 제한한 집단 거주법(1950년), 흑인의 신분증 휴대를 의무화한 통행법(1952년), 교통 및 공공시설을 인종별로 분리하고 이를 위반한 자를 격리하는 법(1953년), 인종별 분리교육을 실시한 교육법(1953년) 등이 차례로 법제화되었다. 당시 남아프리카 공화국은 백인, 유색혼혈인종, 인도인, 흑인 네 인종이 있었는데, 남아프리카의 인종분리법은 나치의 법과 비슷하다. 나치는 인종의 등급을 게르만족, 백인, 아시아인, 유대인 순으로 나누었고, 맨 아래의 유대인은 박멸의 대상이었다. 남아프리카에서의 '유대인'은 맨 아래에 위치한 흑인이었다.

위를 벌였다. 그러는 사이 나치에 반대하고 흑인의 권리 회복을 요구하는 아프리카민족회의(ANC)가 탄생했다. 이에 불안감을 느낀 백인들은 국민당을 전폭적으로 지지하기에 이르렀다. 국민당은 다수당이 되었고, 아파르트 말랑이 총리에 취임했다. 그는 2차 대전이 끝나자 본격적인 인종주의 정책을 입안하기 시작했다. 이 정책이 그 악명 높은 '아파르트헤이트'다.

1956년 국민당은 더 나아가 유색 인종에게서 참정권과 피선거권을 박탈하는 법안을 통과시켰다. 이제 흑인을 비롯한 유색인종은 참정권과 피선거권조차 박탈당한 '노예'였다.

흑인을 대표하는 아프리카민족회의는 이 법안에 반대해 투쟁했지만, 이미 투표권을 박탈당한 흑인과 유색인종은 어떤 힘도 발휘할 수

> ## 반투스탄(Bantustan)
>
> 반투스탄은 아파르트헤이트 정책의 하나로 흑인을 한 지역에 가두는 법이다. 나치의 유대인 거주지역인 게토와 유사하다. 반투스탄에서 밖으로 나오려면 통행증이 필요했다. 반투는 '사람'을 뜻하는 토착민의 단어 '반투'와 '땅'을 뜻하는 페르시아어 '스탄'이 합성된 말이다.

없었다. 선거권은 백인에게만 있었고, 그들은 국민당에만 표를 주는 악순환이 지속되었던 것이다. 이런 나치와 같은 악행은 50여 년 동안 지속되었다. 흑인과 유색인종의 기본권을 위한 투쟁은 비폭력적인 방식으로 시작되었지만, 이미 선거권이 상실되었기에 폭력적인 양상으로 발전했고, 흑인의 폭력을 빌미로 국민당 정권은 더 잔인한 폭력과 고문, 학살을 자행했다. 국민당은 재판 없이 체포 구금하는 법, 신문과 출판물에 대한 검열과 폐간 법을 만들었다.

1959년에는 반투 자치법이 제정되어 전 국토의 87%는 백인이 관장했으나 인구의 절대다수를 차지하는 흑인은 13%의 지역에서만 거주할 수 있었다.

아파르트헤이트의 철폐를 위한 흑인의 운동

흑인과 유색인종은 기본권을 되찾기 위해 끊임없이 투쟁했다. 국

넬슨 만델라가 감옥에서 석방된 후 언론 인터뷰를 하고 있다.

제사회도 남아프리카의 민주주의를 위해 연대했다. 그 영향으로 1985
년이 되어서야 '잡혼금지법', '풍기문란법', '격리법'이 폐지되었고, 1986
년에는 '통행법'이 폐지되었지만, 실질적인 흑백평등은 이루어지지 않
았다. 흑인 인권 운동의 상징인 넬슨 만델라는 여전히 투옥 중이었고,
흑인이 통행증 없이 거리를 걸어 다닐 수 있는 권리 이외에는 바뀐 것
이 없었다. '잡혼금지법', '풍기문란법' 등의 폐지는 형식적인 유화조치
였다. 흑백간의 결혼이나 연애는 이미 불가능한 상태에 있었기 때문
이다. 흑인은 부를 독점한 백인의 집에 청소부나 경비로 취업하는 것
외에 할 수 있는 일이 없었다. 시급한 문제는 정치와 경제구조를 민주
적으로 재편하는 것이었다.

결국, 국민당 정부는 1990년 2월 11일 넬슨 만델라를 석방했다.
이에 따라 아프리카민족회의(ANC)는 무장 투쟁을 내려놓고 국민당

과 대화에 나섰다. 백인과 흑인의 협
상은 남아프리카 공화국의 역사에서
커다란 사건이었다. 이전까지 흑인은
국민으로서 대접받지 못했다. 1991
년, 나머지 인종차별법인 '원주민 토지
법', '집단 거주지법', '인종등록법' 등이
폐지되었다. 중요한 사실은 흑인에게
도 정치참여의 길이 열렸다는 것이다.
1993년 4월, 의회 선거에서 아프리카
민족회의는 60%를 넘게 표를 획득하

남아프리카 공화국의 초대 대통령
넬슨 만델라.

여 제1당이 되었다. 국민당은 20%를 득표했고, 또 다른 백인 정당인
자유당은 10%를 득표했다.

마침내 넬슨 만델라가 자유총선거에 의해 남아프리카 공화국의
초대 대통령으로 선출되었다. 그러나 흑인만의 정부를 구성하지는 않
았다. 20%와 10%의 지지를 받은 국민당과 자유당의 인사를 정부
요직에 기용함으로써 증오의 정치를 용서의 정치로 만들기 위해 노력
했다. 이로써 아파르트헤이트는 공식적으로 철폐되었다.

남아프리카의 민주주의는 이제 시작이다.

넬슨 만델라는 백인정권하에서 수십여 년의 감옥생활을 했다. 그러나 그 고난을 복수로 되갚지 않았다. 그는 진정으로 새로운 남아프리카 공화국의 건설을 위해 노력했다. 그는 모든 차별을 금지하는 새 헌법을 공포하고 흑인들에게도 백인들을 공격하지 말 것을 당부했다. 그는 흑인 거주 구역에 생활기반 시설을 건설하고 학교를 지어 인종 간의 교육 격차를 줄여나갔다. 남아프리카 공화국의 경제는 성장을 계속했지만, 국민 전체가 혜택을 받기에는 턱없이 부족했다. 그 이유는 500만 명의 백인을 위한 경제가 갑자기 3500만 명의 흑인이 추가된 4000만 명의 경제가 된 것이기 때문이다. 이전까지의 흑인은 경제 정책의 '논외 대상'이었던 것이다. 인종 간의 경제력 격차는 다소 줄어들었으나 근본적인 소득 분배의 불평등은 그대로 남아있으며, 실업률이 높아지고 더불어 치안이 불안해졌다. 또 오랫동안 지속된 백인들의 인종주의가 하루아침에 사라지지도 않았다.

그러나 문제가 생긴다고 민주주의 자체를 부정할 수는 없다. 남아프리카 공화국의 민주주의는 첫 발걸음을 뗀 지 30여 년밖에 지나지 않았다. 수백 년 지속된 인종주의에 비하면 아주 짧은 시간 아닌가! 최소한 백 년의 시간이 흘러야 남아프리카의 민주주의는 공고한 체제로 정착할 것이다.

02

아랍의 봄(북아프리카와 중동의 이슬람 국가)

-극단적 종교와 억압받는 민주주의-

'아랍의 봄'이라는 민주화운동의 물결이 2010년 12월 북아프리카와 중동의 이슬람권 나라에서 일어났다. 알제리, 리비아, 모로코, 튀니지, 모리타니, 소말리아, 수단 등의 북아프리카 나라들은 물론, 바레인, 이란, 요르단, 이라크, 쿠웨이트, 오만, 사우디아라비아, 시리아 등 중동 전역에서 철권통치에 반대하는 운동이 벌어졌다. 이 나라들의 통치 형태는 왕정, 공화정을 빙자한 독재, 신권 통치 등 다양했지만 공통적으로 민중의 기본권이 보장되지 않았고 특히 여성의 인권은 최악이었다.

튀니지에서 시작된 아랍의 봄

아랍의 봄은 권력의 부패에 지친 튀니지의 시민 저항에 의해 시작됐고, 비슷한 문제를 안고 있는 이슬람 전역으로 동시다발적으로

2011년 튀니지 혁명의 모습.

빠르게 번졌다. 저항운동 전파의 원동력은 SNS를 통한 소통이었다.

2010년 12월 18일 컴퓨터 공학을 전공한 과일 행상인 부아지지는 폭정에 항거하며 분신을 하였다가 위중한 상태로 병원에 입원해 있었다. 그 소식은 튀니지 국민들 전체에게 알려졌고, 그의 쾌유를 빌었지만 2011년 1월 14일 부아지지는 끝내 사망하였다. 이에 격분한 국민들이 반독재 민주화 시위를 나서게 되고, 같은 달 독재정권이 축출되었다. 그리고 자유 총선거를 통해 새로운 민주주의 정부를 탄생시켰다.

하지만 남미와 아프리카의 경우에서처럼 제도가 정착하려면 많은 시일이 필요할 것이다. 민주주의 제도가 시작되었다고 하더라도 오랜 기간 쌓이고 쌓인 부의 불평등을 하루아침에 해결할 수는 없다. 또 그에 대한 불만을 활용하여 독재 세력이 권력을 잡는 경우도 허다하다. 튀니지의 미래를 지켜볼 일이다.

알제리

　장기독재와 그로 인한 부정부패, 민중의 빈곤은 북아프리카 모든 나라의 공통점이었다. 이들 나라의 시위 구호는 '먹을 것을 달라!'는 간절한 것이었다. 이는 200여 년 전 파리 시민들이 베르사유 궁전으로 행진하면서 외친 구호와 같았다. 그만큼 민주주의는 생존과 관련이 있고, 먹고 사는 문제를 해결하는 것이 민주주의의 기초라고 할 수 있다. 튀니지에서 민주화운동이 성공하고 얼마 있지 않아서 곧바로 옆 나라인 알제리에서 민주화운동이 일어났다.

　2011년 2월 12일이었다. 수도 알제의 민주주의의 상징인 '5월 1일 광장'에서 대규모 시위가 벌어졌다. 그들은 독재자 압델아지즈 부테플리카 대통령의 퇴진을 요구했다. 그러나 수만 명의 경찰에 의해 진압당하고 수백 명이 체포되었다. 세계 각국은 알제리 사태에 대하여 심각한 우려를 표명하고, 독재자 압델아지즈 부테플리카 대통령의

알제리 시위와 대통령궁으로 행진하는 학생들.

퇴진 운동을 간접적으로 지지했다. 여론의 수세에 몰린 알제리 정부는 19년 동안 지속된 계엄령을 해제하는 유화적인 정책을 취했다.

알제리의 민주화운동은 성공하는 듯 보였으나 부테플리카는 자유 총선거를 약속하지 않았고, 권좌에서 내려오지도 않았다. 그로부터 2019년까지 장장 8년 동안 부테플리카의 퇴진과 자유총선거를 주장하는 민주화 시위가 지속되었고, 결국 부테플리카의 사임을 이끌어 냈다. 그는 사임했으나 독재의 기간 동안 자행한 부정부패와 인권탄압에 대해서는 여전히 처벌을 받지 않고 있다. 알제리의 민주주의는 아직 초보적 형식도 갖추지 못한 과도기적 상황에 있다.

요르단

튀니지와 알제리의 민주화운동 소식은 중동의 왕정국가 요르단으로 전파되었다. 2011년 1월 28일 이슬람의 의식인 금요기도 후 수만 명의 시위대가 '빵을 달라!'고 행진했다. 아직 정권 퇴진 구호는 직접적으로 표출되지 않았다.

요르단은 명목상으로는 입헌군주국이었으나 실제는 왕정이었다. 왕은 영국과 같은 상징적 존재가 아니라 실권자였고, 그 밑에 '하수인' 격인 내각과 총리가 있었다. 신적 권리를 행사하는 왕의 퇴진을 요구하는 것은 신성불가침의 영역이었다. 압둘라 2세 국왕은 2월 1일 재빨리 사미르 리파이 총리 내각을 해산했다. 시위대의 요구가 정권퇴

진으로 옮겨오는 것을 사전에 차단하려는 술책이었다. 그는 군 장성 출신인 마루프 알 바히트를 새 총리로 임명하고, 이슬람 성직자들을 만나 개혁을 논의하는 척하고, 식량과 주요 생

요르단의 암만에서 있었던 대규모 시위.

필품 가격의 상승을 금지시켰다. 또 2월 9일 새 총리는 민주화운동을 이끄는 노조와 무슬림 형제단, 여성인권운동가들을 내각에 등용하겠다고 선언했다. 민주화운동의 실질적인 리더인 무슬림 형제단은 내각 참여를 거부하고 개혁을 지켜보겠다고 선언했다. 압둘라 2세는 이 정도로 시위가 소멸될 것이라 생각했다.

그러나 '빵을 달라!'는 요구는 민주화에 대한 열망이 단순하게 표현된 것이었다. 민중들은 압둘라 2세의 개혁조치가 미봉책임을 알았고, 2월 18일 다시 수도 암만에서 대규모 시위가 벌어져 많은 사상자가 발생했다. 25일 금요기도 후에는 시민과 이슬람 행동전선을 비롯한 20개 단체의 야권 지도자, 노동조합원들이 수만 명 모여 행진했고, 매주 금요일 행진이 이어져 두 달 동안 지속되었다. 압둘라 2세는 다시 마루프 알 바히트 내각을 해산하고 아운 카스완네 국제사법재판소(ICJ) 재판관을 총리로 임명했다. 국제사법 재판관을 임명한 것은 국제

사회에 자신이 요르단의 민주주의를 진전시키고 있다는 것을 보여주려는 의도였다.

그후 다시 몇 번의 내각 해산과 총리 교체가 반복되었지만, 요르단 사회의 변화는 없었다. 내각 해산과 총리 교체가 요르단의 부정부패의 꼭지점에 왕족이 있다는 사실을 감추는 기만적인 행위였기 때문이다. 요르단인들은 그 사실을 알면서도 왕정의 폐지를 요구하지 못한다. 왕은 신성불가침의 영역으로 사람들의 뇌리에 남아 있다. 왕은 이슬람 성직자들의 비호를 받고 있으며, 이슬람 성직자들은 요르단인들의 정신을 지배한다. 바로 왕이 요르단 민주주의의 가장 큰 장벽이지만, 현재로서는 그 장벽을 무너뜨릴 방법이 없는 듯하다. 민주주의의 발전사에 있어서 왕은 군사독재보다 더 큰 장벽이다. 군사독재의 독재자는 인간이지만 요르단의 왕은 신이기 때문이다.

사우디아라비아

튀니지에서 아랍의 봄이 촉발된 후인 2011년 1월 21일 사우디아라비아에서도 첫 민주화 시위가 발생했다. 첫 시위는 규모가 작아 가벼운 소란으로 보여 별 반향을 불러일으키지 못했다. 1월 28일 두 번째 시위가 발생했는데. 이번에는 규모가 제법 커서 경찰이 출동하기에 이르렀다. 평화 시위는 바로 경찰에 의해 중단되었고, 수십 명이 연행되었다. 그러나 단순 항의 정도였기에 장기간 구금되지는 않았다.

세계 각국은 '아랍의 봄'이 사우디아라비아에서도 발생할 것인지에 대해 촉각을 곤두세우고 있었다.

사우디아라비아의 카디프에서 마스크를 쓴 시아파 시위대가 가두행진을 벌이고 있다.

사우디아라비아는 왕족이 지배하는 국가로 민주주의와는 거리가 멀었다. 왕족의 권력은 막강하고, 국가의 토지는 왕족의 소유로 석유를 판매한 막대한 자금 또한 왕족의 소유였다. 거기다 여성의 인권은 다른 이슬람 국가와 마찬가지로 열악했다. 이런 조건 속에서도 사우디아라비아에서 반왕정 시위가 벌어지지 않는 이유는 석유 판매 대금의 일부를 국민들을 위해 사용하는 분배하는 정책 때문이다. 국가가 의료와 교육, 주거의 문제를 해결해 주었던 것이다. 게다가 왕족에 대한 비판이나 저항은 법으로 금지되어 있었고, 법을 위반하면 중범죄로 다루었다. 왕족 비판 기사를 쓰는 언론인이 왕족 경찰에 의해 살해당하는 일도 빈번했다.

이렇게 사우디 왕족은 한 손엔 채찍을 들고, 한 손엔 당근을 들고 국민들의 불만을 무마하는 정책을 쓰고 있었다. 다른 아랍권 국가들보다 국민들의 삶의 질이 높았기 때문에, 과연 사우디 국민들이 민주화 요구를 할 것인가에 세계 여러 나라의 관심이 쏠렸다. 그런 와중에 비록 소규모이긴 하나 민주화를 요구하는 시위가 벌어지자 사우디

당국은 긴장할 수밖에 없었다. 그 소수는 사우디 국민 대다수의 잠재적 불만을 표현하고 있었다. 병을 치료하기 위해 외국에 머물던 사우디의 압둘라 국왕은 위기감을 느끼고 급히 귀국했다. 그는 재빨리 국외에서 개혁안을 수립하도록 내각에 지시한 상태였다. 민중의 민주주의 요구에 대한 무마책은 임금인상과 실업자 지원에 400조 원 규모의 현금을 내놓은 것이었다. 언제나 그랬듯이 사우디 정권은 이번에도 오일달러를 뿌려 상황을 타개하려 했다.

이 정책으로 사우디의 시위는 잠시 정체되었다. 그러나 두 달여의 소강상태를 보인 후, 다시 3월 11일 대규모 시위가 계획되었다. 그 계획은 SNS를 통하여 젊은 층으로 확산되었다. SNS상으로도 시위를 언급하는 것은 법으로 금지되어 있었기 때문에 그들은 자신들만의 은어를 사용했다. 시위대의 요구는 입헌군주제, 여성인권보호법 제정, 반정부 정치인의 석방 등이었다. 결국 대규모 시위가 벌어졌고, 경찰의 무력으로 강제 해산되었다.

사우디 압둘라 국왕은 다시 150조 원에 이르는 오일달러를 분배하는 정책을 발표했다. 공무원과 군인, 경찰들에게 천문학적인 월급과 수당, 복지혜택이 돌아갔다. 공무원과 군인, 경찰은 사우디 왕족이 정권을 유지하는 버팀목이었다. 사우디 정권은 아랍과 페르시아 일대의 왕정 독재국가들인 바레인, 오만, 모로코, 쿠웨이트, 예멘, 시리아, 레바논, 아랍에미리트, 카타르 등이 시위대의 저항을 맞고 있는 것을 알고 그들 정권을 유지하는 일에 적극적으로 개입하였다. 바레인에는 직접 군대를 파견해 반정부 시위대의 해산을 지원했고, 여타의 나라들에게 재정적 지원을 아끼지 않았다. 그들의 민주화가 도미노 현상으로 사우디에 영향을 주는 것을 차단하기 위함이었다.

이란

이란은 1970년대에 이미 팔레비 왕정을 무너뜨리고 민주주의를 향한 첫 발걸음을 내딛긴 했으나 곧 이슬람 시아파 근본주의에 의한 철권통치가 이루어졌다. 왕이 시아파 이슬람 근본주의자들로 바뀐 것이다.

2011년 2월 15일, 이란에서는 이슬람 근본주의에 반대하는 대규모 시위가 발생했다. 수십만 명이 테헤란 도심에 집결했고, 경찰과 군대가 이들을 진압하는 과정에서 수 명의 사망자가 발생했다. 이란에서 수십만 명이 모인 시위가 가능했던 것은, 타 아랍국가와는 달리 팔레비 왕조를 무너뜨렸던 민주화운동의 경험이 있었기 때문이다. '아랍의 봄' 이전에도 이란은 신권통치에 반대하는 야권과 시민의 저항이 지속적으로 발생

이란의 수도 테헤란에서 팔라비 왕조에 반대하는 1979년 '이란 혁명'은 군주제의 폐지로 이어졌다.

수니파, 시아파가 뭐지?

중동 이슬람국가들의 종파. 대표적인 시아파 국가는 이란이고, 대표적인 수니파 국가는 사우디아라비아이다.

이슬람교는 크게 두 개의 분파로 나뉜다. 수니파가 이슬람 대부분의 국가를 장악하고 있고, 시아파는 이란, 이라크를 통치한다. 두 파의 차이는 창시자 무함마드의 계승자를 누구로 보느냐에 있다. 무함마드는 아들이 없었는데, 수니파는 새로 선출된 선지자인 칼리파를 계승자로 보고 시아파는 무함마드의 사촌이자 사위인 알리를 계승자로 본다.

이슬람 근본주의(원리주의)는 뭘까?

이슬람 근본주의자는 이슬람의 율법을 원칙적으로 고수하는 집단이라고 스스로를 일컫는다. 그러나 이슬람의 원리는 대체로 타 종교나 타민족에 배타적이지 않고, 여성을 남성의 지배하에 두지 않으며, 계급 간의 억압을 반대한다. 이슬람 근본주의(원리주의)는 왕이나 독재자가 자신들의 통치를 정당화하기 위해 종교를 이용하는 것에 다름아니다. 자기는 이슬람의 원리를 따르고 있으니 반대하는 사람은 반 이슬람주의자라고 공격하는 것이며, 이는 남미나 아시아, 아프리카의 독재정권이 민주주의 세력을 공산주의자라고 공격하는 것과 같은 이데올로기이다.

이란 민주화운동의 전통을 이은 것으로 평가되는 '녹색혁명' 당시의 모습.

했다. 2009년 6월에 발생해서 2010년 2월까지 진행된 부정선거 규탄시위는 이란 민주화운동의 전통을 보여주었다. 유혈진압을 당해 비록 독재정권을 무너뜨리지 못했지만, '녹색혁명(Iranian Green Revolution)'이라고 불리며 사람들의 기억에 각인되었다.

테헤란에서 수십만 명의 시위가 일어난 직후, 야권 지도자인 무샤비가 실종되고 민주인사들이 체포되면서 시위대의 분노는 더욱 거세졌다. 3월 1일 다시 테헤란에서 대규모 시위가 발생했고 강경진압으로 인하여 수 명이 사망했다.

잠재력을 지닌 이란의 민주화운동은 2022년 다시 거세졌다. 2022년 9월, 22세의 여성인 마흐사 아미니가 히잡을 바르게 착용하지 않았다는 이유로 경찰에게 체포되어 조사를 받는 과정에서 사망하는 사건이 발생했다. 이 사건은 이란의 이슬람 근본주의 통치로부터 비롯되는 인권탄압을 상징하는 사건이었다. 경제적 불평등, 기본권의 제한, 코로나로 인한 사회활동의 자유 제한 등으로 신음하던 이란 국민은 마흐사 아미니의 죽음에 분노했다. 연일 시위가 벌어지고 수만 명이 체포, 구금, 사형을 당했다. 세계의 대다수의 국가들, 여성인권단체들은 이란의 시위대와 연대하였다. 2022년 카타르월드컵에 참가한 이란 선수들은 이란의 국가를 부르지 않음으로써 이란 정부의 인권탄압에 저항했고, 고국으로 돌아간 선수 중 일부는 체포되었다.

이란의 민주주의는 현재진행형에 있다. 폭압적인 정권은 지속적으로 시위자를 체포, 구금, 사형시키고 있다. 그러나 사형의 공포 속에서도 민중의 저항은 두려움 없이 지속되고 있다. 그만큼 이란 민주화 운동의 뿌리는 깊고, 그 열망도 이슬람권의 다른 나라의 열망과는 비교가 되지 않을 정도로 크다고 할 수 있을 것이다.

06

아시아의
민주주의

민주주의를 향한 다양한 움직임

아시아의 민주주의는 한 줄기로 정의할 수 없을 정도로 다양하게 발전되어 왔다. 유럽, 북아메리카, 남아메리카, 아프리카, 아랍은 그 지역을 관통하는 공통점이 존재한다. 유럽은 그리스 로마의 민주주의 제도가 18세기에 재등장하여 전 유럽에 정착했고, 북아메리카는 토착민과 흑인을 배제한 '백인 민주주의'의 역사였다. 남아메리카는 식민지 통치, 독립, 왕정, 독재와 민주주의를 반복하는 과정에서 수많은 피를 흘렸고, 아프리카와 아랍은 21세기에 들어서야 왕정과 독재의 틀을 벗어나기 위해 저항하고 있다.

아시아의 민주주의는 하나의 공통점으로 묶을 수 없다. 일본은 19세기에 유럽 민주주의를 형식적으로나마 받아들였고, 독일과 같은 침략국이 되어 아시아의 평등한 발전을 압살한 잔인한 국가이지만, 모양새로는 영국과 같은 입헌군주제의 형식을 모방하고 있다. 한국은 19세기에 벌어졌던 동학혁명으로 자유 평등 박애의 사상이 만개했으나 왕정은 일본과 청, 러시아라는 외세를 끌어들여 민주화운동을 탄압하고 왕정을 지속했다. 그 결과로 일본제국주의의 식민지로 국가를 헌납했고, 해방 이후 국민들은 지난한 희생을 통해 현재와 같은 공화국 형태의 민주주의 제도를 정착시킨 국가가 되었다.

중국은 다른 길로 빠졌다. 거의 영국과 일본의 식민지로 전락했던 중국은 독립을 성취했으나 민주주의 제도와는 거리가 먼 하나의 당(중국 공산당)에 의한 통치로 나아갔다. 언론 집회 결사의 자유는 금지되었다. 이 과정에서 발생한 천안문 사건은 수천 명의 희생자를 발생시켰으며, 중국 정권은 언론과 인터넷에서 천안문에 대한 언급을 차단하고 있다. 또 영국과 포르투갈에 빼앗겼던 홍콩과 마카오를 되찾았으나 이번에는 홍콩의 민주화운동을 직면하게 되었다.

이 나라들과 달리 인도는 정치제도는 민주주의의 외피를 쓰고 있지만, 내용을 보면 독재보다 더 폭압적인 나라이다. 왕족으로부터 천민에 이르는 신분제도를 유지하면서 민주주의를 한다는 것은 기만이다. 다른 아시아 국가들의 민주주의는 답보상태이거나 군사독재 상태에 머물러 있다. 이처럼 아시아의 민주주의는 극에서 극으로 펼쳐져 있다.

01
중국
-식민지 지배에서 일당 독재로-

　　수천 년간 지속되어 온 중국 왕조는 청나라를 끝으로 역사 속으로 사라졌다. 유럽의 여러 나라와 마찬가지로 중국에서도 왕의 학정에 반대하며 사회의 개혁을 요구하는 민란이 일어났다. 그러나 그 민란이 성공을 거둔 경우는 없었다.

　　청 왕조는 1636년부터 1912년까지 중국을 지배했다. 청 왕조는 안팎으로 실정을 거듭했다. 1841년 난징조약으로 홍콩을 영국에 빼앗겼고, 이 나라 저 나라에 국가의 이권을 떼어주고 그들을 끌어들여 민중의 반란을 진압했다. 그 영향으로 국가는 식민지 열강의 간섭으로 반식민지 상태에 있었다. 학정이 최고조에 달한 청나라 말기에는 사회의 변혁을 요구하는 여러 운동이 들불처럼 일어났다. 태평천국의 난, 둥간 혁명, 양무운동, 의화단의 난, 변법자강운동, 신해혁명 등이 1860년대부터 1912년까지 잇달아 발생했다. 이 사건들의 주체와 요구는 각각 달랐지만, 대체적으로 왕정을 폐지하고 만민의 자유와 평등을 실현한다는 데에 공통점이 있었다. 18세기 프랑스혁명으로부터 시작된 민주주의에 대한 요구는 인류 전체의 열망이었던 것이다.

1912년 결국 청 왕조는 무너졌지만 중국은 내전에 휩싸였다. 하나는 장제스가 이끄는 중국국민당이었고, 한 세력은 마오쩌둥을 중심으로 하는 중국공산당이었다. 처음에는 중국국민당이 중국의 대부분을 점령했지만, 부정부패에 신물이 난 중국 국민은 국민당을 왕정의 계승자로 생각했고, 중국공산당은 농촌을 중심으로 세력을 넓혀나갔다. 이 시기 중국공산당의 정책은 대지주의 수탈로부터 농민의 권리를 되찾아 주는 것으로, 여기까지는 자유 평등 박애의 사상에 부합하는 것이었다. 중국공산당은 전국을 통일하여 1949년 10월 1일 중화인민공화국을 선포했고, 장제스의 중국국민당은 대만으로 쫓겨났다.

1949년 천안문 광장에서 중화인민공화국을 선포하는 모습.

그러나 중국은 이름처럼 인민 다수가 통치하는 공화국이 아니라 중국공산당의 일당 독재로 나아갔다. 국민 개개인이 국가의 주인이 아니라, 공산당원만이 국가의 주인이 되어 특권을 누리고 나머지 대다수의 인민들은 소외되는 반대 현상이 일어났다. 중화인민공화국이라는 명칭은 기만적인 것이 되었다. 현대의 중국이 당면한 어마어마한 빈부격차는 그들의 정책이 얼마나 반민주적인지를 증명한다. 공산당원은 출세하고 인민은 노예와 다름없다. 대만도 민주주의와는 동떨어진 나라였다. 장제스의 중국국민당이 대만 토착민을 지배했다. 한쪽은 사회주의를 지향하고 한쪽은 자본주의를 택했지만, 양쪽 모두에서 언론, 집회, 시위, 사상의 자유는 보장되지 않았다.

문화대혁명

문화대혁명은 1966년부터 1976년까지 중국대륙을 휩쓸어 많은 이들을 공포에 떨게 만들었다. 이는 마오쩌둥의 사상을 담은 책 이외

中国人民解放军是毛泽东思想大学校

마오쩌둥의 모습이 담긴 문화대혁명 포스터.

의 모든 문서와 서적을 불사른 문화말살 정책이었고, 한편으론 중국 사회주의 건설에 방해가 되는 지식인과 정치인들을 숙청한 정치 탄압 운동이었다. 이 운동은 마오쩌둥을 추종하는

1966년과 1967년에 있었던 홍위병들의 집회와 행진.

홍위병에 의해 진행되었다. 홍위병은 아직 어린 학생들이 주축이었다.

문화대혁명은 공산당 독재의 위기감에서 나온 정책이었다. 중화인민공화국이 건설된 1950년대 중국공산당은 장제스의 중국국민당의 독재에 대한 대체 권력으로 인민들의 열렬한 지지를 받았다. 그러나 시간이 지날수록 장제스 독재보다 더 심한 독재와 부정부패로 인하여 인민들의 불만은 커지게 되었다. 중국 정부는 이 불만을 누그러뜨리고 경제개발 정책인 대약진운동을 펼쳤으나 경제는 별다른 발전을 이루어내지 못했다. 그러자 공산당의 능력에 회의를 품는 풍조가 만연했다. 중국공산당은 대중의 불만을 잠재우는 희생양을 찾았고, 그 희생양이 바로 반혁명 분자들인 지식인, 그들의 사상, 그들의 문화였던 것이다.

중국 민중은 공산당에 대한 불만을 문화 파괴와 인신공격, 심지어 살해 등으로 풀기에 이르렀다. 문화대혁명은 '문화'와 '혁명'이라는 단어로 인하여 짐짓 긍정적인 것으로 오해되기도 한다. 그러나 실상은 인류사에서 벌어진 참극들 중의 하나일 뿐이다. 혹자는 히틀러의 유대인 학살이나 캄보디아 정권의 민중대학살인 킬링필드에 비견되는 사건이라고 평가한다.

문화대혁명의 과정과 결과는 참혹했다. 홍위병들이 기대했던 개혁은 없었다. 그 참혹한 결과로 인하여 홍위병들은 한 가지 사실을 깨달았다. 그것은 당이 자신들의 권력을 유지하기 위하여 인민을 이용한다는 자각이었다. 중국 인민들은 당에 의한 인민의 통치가 아니라 거꾸로 인민에 의한 당의 통치가 필요하다는 사실을 깨달았다. 이것은 민주주의의 기본정신이었다. 그리고 이 정신은 20여 년이 흘러 천안문 항쟁의 모태가 되었다. 자본주의 체제이든 사회주의 체제이든 민주주의는 국민이 주인인 상태를 일컫는다. 만약, 인민이 모두 평등하고 자유롭고 행복하게 사는 사회주의 국가라면 그것은 민주주의가 실현된 상태이다. 그러나 그렇게 될 확률은 아주 희박하다. 또 모든 시민이 소외된 자 없이 자유 평등 박애가 구현되는 자본주의 국가라면 그것도 민주주의가 실현된 상태이다. 그러나 그런 국가도 존재하지 않는다. 이처럼 민주주의는 사회주의와 자본주의라는 사회형식과는 다른 삶의 내용인 것이다.

천안문 항쟁

천안문 항쟁은 1차와 2차로 분류된다. 1차는 문화대혁명이 휩쓸고 간 1976년에 일어났고, 2차는 1989년에 발발했다. 1차 항쟁의 규모와 충격도 대단했지만, 중국의 폐쇄정책으로 세계에 잘 알려지지 않았다. 2차 항쟁은 1차보다 규모가 훨씬 크고 사상자 수가 많았으며, 중국의 개혁개방, 미국과의 국교정상화 등이 이루어진 시기라 외국에 급속도로 알려지게 되었다. 보통 천안문 항쟁이라 하면 1989년에 발생한 2차를 가리킨다.

천안문 항쟁은 1989년 4월 15일에 발발하여 6월 4일에 시위대가 탱크에 깔려 죽는 참극으로 끝난 사건이다. '6·4항쟁'으로 불리기도 하며, 천안문 사태, 천안문 항쟁, 6·4항쟁 등의 단어는 현재도 중국의 인터넷 검색에서 차단되고 있다. 이는 이 항쟁이 중국민주화운동사에서 얼마나 중요한 위치를 차지하는가를 반증한다.

천안문 항쟁은 대학생과 지식인에 의해 주도된 것으로 알려졌지만, 실상은 9세 아이부터 100세의 노인까지 남녀노소를 불문한 전

1989년 베이징에서 일어난 천안문 항쟁 당시의 상황을 찍은 사진. 오른쪽 사진을 보면 한 사람이 탱크를 막아서고 있다.

민중적 저항이었다. 상인, 농민, 노동자는 물론이거니와 언론인, 대학교수, 법조인, 공무원 등 사회의 기득권층마저 공산당의 개혁을 부르짖음으로써 중국 정부가 받은 충격은 어마어마했다. 중국공산당 정권의 존립 기반이 흔들린 사건이었다. 시위대의 요구는 대표적인 몇 개의 문장으로 표현되었다. '모든 권력은 인민의 것이다.' '반관료, 반부패 청렴한 정부를 원한다.' '인민은 잊지 않는다.' 이 문장들은 민주주의의 정신을 간명하게 표현하는 것이었다. '인민은 잊지 않는다.'는 문장은 민주주의를 요구했던 과거의 정신과 민주주의를 위해 희생당한 사람들을 추모, 계승한다는 의미였다.

중국민주화운동 세력은 천안문 항쟁으로 1만여 명이 사망했다고 추정하고 있다. 그러나 중국정부는 사망 875명, 부상 14550이라고 축소 발표했다. 천안문 항쟁이 일어난 지 1년이 훨씬 지난 1990년 9월에야 천안문 항쟁을 '천안문 사태'라고 공식 인정했다.

천안문 항쟁은 여전히 현재진행형이다. 참극이 벌어진 6월 4일은 천안문 광장이 폐쇄되고 천안문 항쟁에 관련된 모든 행사, 언론 보도, 희생자에 대한 추모행사가 금지되고 있다. 주도자들 중의 몇 명은 해외로 망명하여 진실규명을 요구하고 있다. 한국의 광주민주화운동의 진실이 규명되고 민주화운동으로 공식 인정되기까지 30여 년의 시간이 필요했다. 민주화운동으로 인정은 되었지만 학살 책임자에 대한 처벌은 이루어지지 않았다. 천안문 항쟁은 그보다 더 긴 시간이 필요해 보인다. 천안문 항쟁의 진실규명의 과정이 곧 중국 민주화의 과정이다. 그들이 천안문에서 외쳤던 '모든 권력은 인민의 것이다.'라는 이 말이 실현되는 과정인 것이다.

홍콩의 민주화운동, 노란우산 혁명

1842년 난징조약으로 영국의 식민지가 된 홍콩은 1997년 중국으로 반환되었다. 홍콩인들은 장밋빛 미래를 낙관했다. 일단 영국에 빼앗겼던 홍콩을 되찾는 일은 중국 민족의 당연한 기쁨이었고, 무엇보다 중국 정부가 홍콩의 자치권을 보장한다고 약속했기 때문이었다. 처음에는 그 약속이 지켜졌으나 시간이 지날수록 홍콩은 중국의 영향력 아래에 놓이게 되었고 홍콩 시민들은 홍콩의 미래를 부정적으로 바라보며 해외로 이주하기 시작했다.

홍콩의 민주화운동인 '노란우산 혁명'은 2019에서 2020년까지 격렬하게 전개되었다. 2019년 홍콩 정부는 범죄인 및 형사법 관련 법률을 개정했는데, 핵심은 중국 공안의 영향력이 홍콩에 미친다는 사실이었다. 즉, '홍콩의 범죄자는 중국으로 인도될 수 있다.'고 하는 것이 중요한 이슈가 되었다. 사실 이 범죄자 안에는 정치범도 포함되었다. 이는 자치구역으로서의 홍콩의 언론 집회 결사의 자유가 사라진다는 것을 의미했다. 그래서 이를 간략히 '홍콩보안법'이라고 부른다.

홍콩 시민들은 이 법안의 철회를 요구하며 시위를 벌였고, 대규모 저항에 놀란 홍콩 당국은 법률의 개정을 유보한다고 발표했다. 홍콩

홍콩에서 2019에서 2020년까지 격렬하게 전개되었던 '노란우산 혁명'.

시민들은 이 발표가 발등의 불을 끄기 위한 기만적인 속임수라고 판단했다. 시민의 저항을 촉발한 것은 형사법 개정이었지만, 저변에 깔린 기류는 홍콩의 자치권을 원상으로 회복하는 일이었다. 그들은 홍콩의 민주주의를 지속시키기 위한 실질적인 요구를 하기에 이르렀다. 시위대에게 가해진 홍콩 경찰들의 잔혹한 진압에 대한 조사와 처벌, 체포된 시위자들의 무조건적 석방, 시위를 공식적으로 '폭동'이라고 규정한 것에 대한 철회, 홍콩의 행정장관 캐리 람의 사퇴, 홍콩 행정위원 및 행정장관을 중국당국이 파견하는 것이 아니라 홍콩 시민의 자유 총선거로 선출할 것 등을 주장했다. 보안법 반대 투쟁이 전면적인 민주화를 요구하는 투쟁이 된 것이다. 2년여의 투쟁 중 수 명의 시위대가 사망하고, 수백 명이 부상을 당했다. 이들은 혁명의 상징으로 노란 우산을 들었고, 이런 이유로 '노란우산 혁명'으로 불린다.

하지만 결국 홍콩보안법은 통과되고 시위는 패배의 충격으로 잠시 동력을 잃었다. 홍콩인들 중 부호들은 외국으로 이주를 했지만 평범한 시민들은 홍콩에 거주할 도리밖에 없다. 그렇다고 홍콩의 민주화운동이 완전히 소멸되지는 않았다. 잠재된 민주주의에 대한 열망은 언제, 어느 때, 어떤 연유로 다시 촉발될지 모르는 휴화산 같은 것이기 때문이다.

일본에서 민주주의가 거론되기 시작한 시점은 메이지유신으로 거슬러 올라간다. 1952년부터 1957년까지 진행된 임진왜란에서 패퇴한 일본은 전국에 소국이 난립하는 혼란한 상태였다. 1602년 도쿠가와 이에야스는 일본의 전국시대를 끝내고 에도막부를 세웠다.

에도막부는 300여 년 동안 지속되었으나, 과도한 신분제로 인하여 민중과 하층 사무라이들의 불평을 샀다. 자유 민권에 대한 요구가 싹트기 시작했고, 이에 일본의 지배 계층인 막부에서는 형식상으로 서양의 제도를 재빨리 수용하여 민중의 변화 요구를 무마하고 근대국가로의 발전을 도모코자 했다. 결국

'메이지 헌법'으로 알려진 일본의 제국 헌법.

막부체제

일본의 특이한 통치체제로 군주가 아니라 사무라이의 수장 격인 쇼군이 통치하는 형태이다. 이때 군주는 '천황'이며, '천황'은 상징적이고 종교적인 존재로 두고 국가의 실권은 쇼군이 갖는다. '천황'과 쇼군의 관계를 음미하면 일본의 현대정치도 그와 유사한 관계에 있음을 간파할 수 있다.

1868년 시작된 메이지유신은 1889년 일본제국 헌법을 발표하면서 완성되었다.

메이지유신에 대한 오해

그러나 메이지유신은 민중적 관점에서의 민주주의가 아니었다. 그것은 지배층에 의해 주도된 것으로, 막부가 기모노를 양복으로 갈아입는 과정이었다. 서양식 의회가 설치되고 내각이 임명되었으나 그 성격은 제국 의회와 제국 내각이었다. 제국 내각은 팽창주의를 통하여 애국심을 유발하며 국민의 지지를 얻고자 했고, 반대로 자유와 민권의 요구는 탄압되었다. 그 과정과 성격은 독일의 경우와 유사했다. 메이지유신 정권은 청일전쟁, 러일전쟁에서 승리하고 한반도를 침략하여 지배했다. 급기야 1930년대에 이르러서는 군부가 권력을 장악했고, 중일전쟁과 태평양전쟁을 일으켰다.

2차 대전 후

전쟁의 패배 후, 한동안 미국의 지배 하에 있던 일본은 1951년 샌프란시스코 강화조약에 의해 주권을 되돌려 받았다. 일본 헌법이 제정되고 영국식 입헌군주제가 도입되어 현재에 이르고 있다.

1960년대와 1970년대 학생, 농민, 노동자, 지식인 등을 중심으로 일본의 고질적인 병폐인 신분제, 침략주의, 국가주의에 반대하고 자유와 민권에 대한 요구가 다시 거세어졌다. 그러나 이 운동은 극단적인 테러로 변질되면서 국민들의 지지를 받지 못하고 역사 속으로 사라졌다. 반대로 국가주의에 입각한 비약적인 경제발전은 먹고 살 만한 환경을 만들었고, 일본 국민들을 정치로부터 무관심하게 만들었다. 1980년대 일본은 유례없는 경제 호황을 누렸다. 경제성장을 기반으로 하여 일본의 자민당은 2차 대전 후 80여 년 동안 무려 75년을

1951년 9월 8일 일본과 평화조약에 서명하는 미국 국무장관 딘 애치슨의 모습.

집권했다. 언론은 국가의 이익이라는 논리로 정부의 부정부패와 잘못된 정책을 눈감아 주었다. 국민은 정치가 잘못된 방향으로 가는 것을 알면서도 저항하지 않았다. 공산주의나 군사독재 국가를 제외하고는 한 개의 정당이 이렇게 오랫동안 지배하는 경우는 세계 어느 나라에서도 찾아볼 수 없다. 대부분의 나라에서는 정책을 달리하는 정당들이 교대로 국민의 지지를 받는 역사를 갖고 있다.

무관심이 가져온 부메랑

민주주의에 대한 일본인의 무관심은 부메랑이 되어 돌아오고 있다. 부동산 거품이 제거된 경제는 정체되어 '잃어버린 30년'이라는 자조적인 말이 나온다. 물가상승 대비 실질임금은 하락하고 있다. 사회는 신분변화의 역동성을 잃었다. 할아버지의 의원 지역구를 아버지와 아들이 물려받는 새로운 계급사회가 도래했다.

사회적 약자에 대한 배타성은 여전하지만 해결에는 무관심하다. 재일한국인과 외국인을 향한 우익의 폭력이 행해져도 분노하지 않는다. 합법적으로 다른 나라를 침략할 수 있는 평화헌법의 수정안에 대해서도 찬성이 과반을 넘어서고 있다. 조선 침략을 정당화하고 자신들의 원폭 희생은 역사의 아픔이라고 말한다. 정치인의 부정부패도 웬만하면 체념해버리는 사회가 되었다. 일본의 문제는 민주주의가 위협받고 있음에도 대처할 역동성을 이미 상실했다는 점이다. 외관상으로는 아름다운 민주주의 제도를 갖고 있지만, 내용상으로는 봉건시대의 농노처럼 복종적이다.

일본 입헌군주제의 특이한 점

일본 민주주의의 허약한 위상은 단지 경제적 풍요가 불러온 무기력증일까?

일본은 영국이나 덴마크, 스웨덴 같은 입헌군주국이다. 대부분의 입헌군주국은 왕이 존재하나 상징적인 존재에 머물고 국내외 정치는 총리를 기반으로 하는 행정부, 의회, 사법부의 삼권분립에 기초하고 있다. 일본의 왕도 상징적 존재이다. 그러나 일본의 왕은 '천황'이라는 명칭에서부터 다른 나라와는 다른 특별한 권위를 갖는다.

입헌군주제를 택하는 대부분의 나라의 왕은 명목상으로 행정부의 정책에 대한 거부권이나 의회해산권을 갖고 있지만, 실제로는 그

1946년 히로히토 가 주도한 일본 추밀원 회의.

권리를 행사하지 않는다. 정치에 관여하지 않는다는 암묵적인 관례가 자리 잡고 있다. 반대로 일본의 왕은 명목상으로도 아무 권한이 없다. 법률공표권, 사면권, 의회해산권, 거부권 등이 없는 그야

천황 · 일본국의 상징이며, 일본국민의 통합의 상징

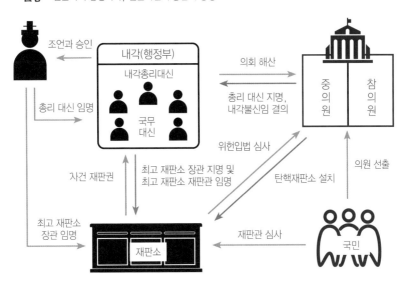

일본의 정부 조직도

말로 100% 상징적인 자리로 보인다. 이는 다른 나라의 입헌군주제와 비교할 때, 겉으로 보기에는 더욱 진일보한 체제로 보인다.

그러나 행정부의 수장인 총리의 공식 명칭은 내각총리대신이고, 행정부 각부의 장관은 국무대신인데, 이들은 모두 누구가의 '신하(臣)'라는 것이다. 즉, 그들의 왕인 '천황'의 신하라는 의미를 지닌다. 이는 일본의 민주주의가 형식상으로는 정착한 것으로 보이지만 신적 존재인 천황이 여전히 일본 국민의 내면을 장악하고 있다는 것을 알려준다.

실제로 입헌군주제를 택하는 영국의 왕실 폐지 여론은 만만치 않

다. 왕족은 여전히 왕실 소유의 막대한 재산을 소유하고 있고, 그들의 엄청난 품위 유지비는 국민의 세금으로 충당한다. 이것은 21세기에 걸맞지 않은 신분제이다. 그러나 일본 국민의 '천황'제 폐지 여론은 거의 없다. 천황은 외교 의전에서 국가원수로 대접받는다. 몸은 어른이 되었지만, 유아적인 사고에 머무는 사람처럼 일본의 민주주의는 형식과 내용의 균형이 뒤틀려 있다.

03
미얀마
-한국의 1970~80년대와 유사한 미얀마의 민주화운동-

미얀마의 원래 이름은 '버마'였다. 버마는 2차 대전 후 영국의 식민지배에서 해방되었지만, 곧바로 폭압적인 군사독재정권이 등장했다. 군부는 버마였던 국호를 미얀마로 바꾸었다. 군부가 인권탄압의 오명을 씻고 새로운 나라를 건설한다는 것을 선전하기 위한 기만적인 국호였다. 현재 미얀마의 민주화운동 세력은 국호를 버마로 되돌리려고 노력하고 있다.

미얀마의 민주화 역사에서 빼놓을 수 없는 사람이 바로 아웅산 수치이다. 그는 미얀마 민주화운동의 상징적 존재이다. 그는 수차례의 가택연금, 투옥을 당하며 불굴의 의지로 미얀마 민주화운동의 기초를 닦았다. 한국의 김대중 대통령과 유사한 고초를 겪은 인물이다. 두 사람은 모두 노벨 평화상을 수상했다. 이런 투쟁의 결과 미얀마에는 자유총선거에 의해 민주정부가 수립되었다. 그러나 미약한 민주주의는 군부쿠데타에 의해 파괴되었고, 미얀마는 다시 예전의 상태로 돌아갔다. 미얀마 국민들은 군부에 맞서 싸우고 있으며, 국제사회에 도움을 요청하고 있다.

미얀마의 독립과 독재정권

미얀마의 역사는 길고 복잡하다. 여러 민족이 이 지역에 살았고 그중 대표적인 종족은 몬족이다. 고고학적 발견에 의하면 미얀마에는 기원전 9세기에 이미 고대문명이 존재했고, 그들의 주 거주지는 이라와디강 하류였다. 여러 왕조가 흥망성쇠를 거듭했던 미얀마는 영국의 식민지가 되었고, 2차 대전 당시에는 일본의 침략으로 영국이 패해 식민지의 주인이 잠시 바뀌었다. 미얀마는 영국과 일본으로부터 독립했지만, 여러 세력이 군웅할거하며 혼란스러웠다. 그 틈을 타서 군인인 네윈이 정권을 잡았다.

쿠데타 후 랑군 시내에 머물고 있는 버마군의 모습.

네윈의 독재는 1988년까지 지속되었다. 부정부패는 말할 것도 없고 경제정책의 실패로 물가는 천정부지로 올랐다. 1988년 네윈 축출과 자유총선거를 요구하는 대중운동이 전국을 강타했고, 결국 네윈은 물러나게 되었다. 1988년의 미얀마 민주화운동은 1987년의 대한민국의 6월 민주화운동에 많은 영향을 받았다. 민주화운동은 성공한 것처럼 보였다. 그러나 한 발 물러난 군부는 국민통일당을 결성해 통치함으로써 외관상으로 민주주의를 수용한 것처럼 위장하고, 민족민주동맹((NLD)를 결성하여 자유총선거에 임하려던 아웅산 수치를 감금해버렸다. 이때 군부는 국호를 버마(Burma)에서 현재의 미얀마(Myanmar)로 바꿨다. 정식 명칭은 미얀마 연방공화국(Republic of the Union of Myanmar)이었다. 겉으로 보기엔 모든 것이 민주주의 국가로 보였다.

미얀마 국민들은 아웅산 수치의 자유와 자유총선거를 끈질기게 요구했다. 국제사회도 이에 부응해 미얀마 정부를 압박했다. 결국 1990년 5월 자유총선거가 실시되었고 민족민주동맹((NLD)과 민주정당이 압승을 거두었다. 그러자 군부는 선거결과를 무효화하고 더욱더 강경한 탄압을 했다. 이때 민족민주동맹(NLD)의 여러 인사가 해외로 망명하여 버마 연방 국민연합정부(NCGUB)를 결성했다. 미얀마는 두 개의 정부로 나뉘어졌다. 비록 모든 권력은 국내의 미얀마 연방공화국에 있었지만, 버마 연방 국민연합정부(NCGUB)는 대다수 국민의 지지를 받고 있었다.

군사정권은 2007년까지 미얀마를 통치했고, 망명정부는 국내의 민주화운동과 결합하여 끈질기게 민주화를 요구했다. 군부는 국민들의 불만을 무마하기 위한 복지정책을 발표하고 한편으론 민주인사들을 체포 구금하는 등 이중적인 행태를 보였다. 2007년 살인적인 물가

아웅산 수치.

상승을 더 이상 견디지 못한 미얀마 국민은 대규모 반정부 시위를 일으켰고, 이 시위에는 불교 승려들이 대거 참여하기에 이르렀다. 불교 승려들의 동참에 위기를 느낀 군부는 2003년부터 실시 중이었던 민족민주동맹(NLD) 틴우 부의장의 가택연금을 해제하여 민주화운동 세력의 저항을 무마하려고 했다. 그러나 가장 중요한 민주인사인 아웅산 수치의 가택연금은 여전히 풀지 않았다. UN 인권이사회는 3번이나 미얀마에 대표자를 파견하여 아웅산 수치의 면회와 가택연금 해제를 압박했고, 2010년 11월 13일 아웅산 수치의 구금을 해제하는 성과를 이끌어내었다. 여전히 자유총선거는 보장되지 않았다. 그로부터 5년의 끈질긴 투쟁 끝에 2015년 미얀마의 자유총선거가 실시되었다. 민족민주동맹(NLD)이 주측이 된 민주연합인 국민민주연맹은 절대다수 의석을 확보하였고, 미얀마 역사 최초로 민주정부가 탄생하기에 이르렀다.

쿠데타와 민중의 저항

미얀마의 민주주의는 첫걸음을 떼었으나 위태롭게 진행되었다.

2021년 2월 22일에 일어난 미얀마의 민주화운동.

민주정부는 미얀마의 정치 경제 구석구석을 장악하고 있는 군부 세력과 그들을 지지하는 기득권 세력들로부터 공격을 받았다. 군부는 형식상의 민주화를 통해 뒤로 물러난 듯 보였지만 여전히 국내 정치를 좌지우지하는 검찰권, 치안, 국가 안보, 외교의 권한을 쥐고 민주화정부를 흔들었다. 이런 정세 속에서 2020년 두 번째 자유총선거는 아웅산 수치의 승리를 장담할 수 없었으나, 예상을 뒤엎고 집권 국민민주연맹이 압승했다. 아웅산 수치는 실질적인 행정력을 되찾기 위해 개혁안을 발표했다. 군부는 더 이상 방치하면 자신들의 존립기반이 무너진다는 판단을 하였다.

　2021년 군부는 쿠데타를 통해 다시 정치의 전면에 등장하고 아

미얀마 지원을 호소하는 한국체류 미얀마인들의 모습.

웅상 수치를 구금했다. 이에 전 국민적 저항이 일어났는데, 민족민주동맹(NLD)을 지지하는 국민들뿐만 아니라 어느 편에도 서지 않았던 미얀마의 소수민족들도 합세하기에 이르렀다. 미얀마 민중은 1988년 8월 8일에 있었던 1차 미얀마의 민주화운동은 8이라는 숫자를 연결하여 '8888항쟁'이라 불렀다. 그리고 2021년 2월 22일에 일어난 이 민주화운동은 2를 연결하여 '2222항쟁'이라고 부른다.

평화적 시위는 군부에 의해 탄압되었고 많은 사상자를 냈다. 시민들은 더이상 평화적인 방법으로 쿠데타에 저항할 수 없다는 판단을 내렸고, 급기야 2021년 5월 5일 시민군이 결성되어 군부와 무장 투쟁을 벌이고 있다. 이 과정에서 수천 명의 시민, 언론인, 유명 연예인이 살해되는 참극이 벌어졌다. 민주화운동의 지도부는 체포되어 군법

재판에 넘겨졌고 반란죄로 사형이 집행되었다.

지금까지도 미얀마 국민들은 국제사회의 관심과 지원을 호소하고 있다. 그러나 미국, 영국, 프랑스, 중국, 러시아, 일본 등 모든 강대국들은 미얀마 국민의 호소에 냉담하다. 군사독재라도 자기 나라의 경제에 이익이 되면 그만이다. 그들은 형식적으로 미얀마의 민주주의를 지지한다는 성명을 발표하고 실질적인 지원을 하지 않고 있다. 군사독재정권은 각 나라에 경제적 이익이 되는 협정을 맺고 있다. 자원 개발권, 무기 수입, 도로 건설권, 투자 조건의 특혜 등이 그것이다. 이것이 국제정치의 냉정한 논리이다.

·동유럽의 민주주의·

-공산주의 일당 독재를 폐지하고 대혼란의 시간을 보내고 있는 나라들-

1 지금 동유럽에서는 어떤 일이 벌어지고 있을까?

같은 유럽이지만 동유럽은 2차대전 이후부터 1990년 무렵까지 사회주의 체제였다. 사회주의의 맹주는 소련(러시아)이었고, 소련의 영향권 아래 있었던 국가는 폴란드, 체코슬로바키아, 헝가리, 루마니아, 유고슬라비아, 불가리아, 알바니아, 동독 등이었다. 사회주의 체제의 붕괴 후 몇 나라는 독립된 국가로 나뉘어졌다. 이 독립은 민주주의를 향한 여정이었다. 언제나 주류민족이 소수민족을 지배하는 형태로 국가가 유지되고 있었기 때문에 소수민족의 독립은 자유 평등 박애를 위한 필요조건이었다. 체코슬로바키아는 체코와 슬로바키아로, 유고슬라비아는 슬로베니아, 마케도니아, 세르비아, 코소보, 크로아티아, 몬테네그로, 보스니아 등으로 민족을 중심으로 나뉘었다. 지배민족이 기득권을 유지하려 했기 때문에 전쟁과 내전이 벌어졌고, 이 과정을 거치며 많은 나라에 삼권분립의 민주주의 제도가 시작되었다. 그러나 짧은 역사 속에서 불안은 여전히 존재하고 있다. 아직도 헝가리나 폴란드, 세르비아 등의 나라에서는 독재에 버금가는 권위적 통치가 행해지고 있다.

소련은 여러 공화국이 연방을 이루고 있었는데, 소련이 해체되면서 러시아, 우크라이나, 벨라루스, 발트 3국(라트비아, 에스토니아, 리투아니아), 몰도바 등이 독립 국가로 탄생했다. 발트 3국은 모범적으로 민주주의를 실현하고 있다. 그러나 러시아, 벨라루스는 사회주의에서 자본주의로 이름만 바뀌었을 뿐, 여전히 1인 독재가 행해지고 있다. 우크라이나는 혼란의 시간을 반복하고 있다. 우크라이나의 민주주의는 러시아의 정치와 불가분의 관계에 있다.

2 우크라이나 전쟁은 민주주의와 관련이 있을까?

우크라이나는 1990년 소련으로부터 독립했지만, 그들이 원하는 독립 민주정부를 세우지 못했다. 우크라이나 동부에는 많은 러시아인이 이주하여 거주하고 있었다. 동부는 중서부에 비해 공업이 발전한 곳이었고, 우크라이나 서부는 농업지역으로 낙후된 상태였다. 러시아는 이런 상황을 빌미로 우크라이나에 대한 실질적 영향력을 발휘했다. 친러시아 대통령이 당선되도록 러시아계를 지원했고, 그렇게 당선된 대통령들은 친러시아 정책을 펼쳤다. 우크라이나인은 우크라이나의 진정한 독립을 원했고, 러시아는 비밀요원을 통해 반러시아 인사를 독극물을 주입하는 등의 방법으로 원인도 모르게 죽이는 만행을 저지르기도 했다. 이러한 사건은 확연한 증거가 없기에 미제사건으로 남아 있다.

오렌지혁명 당시 키이우 광장에 모인 시민들.

　　오렌지혁명은 2004년 11월에서 12월에 걸쳐 일어났던 우크라이나의 민주화운동이었다. 중앙선거관리위원회는 2004년 대통령 선거에서 빅토르 야누코비치가 승리했다고 발표했다. 야누코비치는 동부의 친러시아계를 지지기반으로 하고 있었다. 반대로 낙선한 자는 중서부를 지지기반으로 하는 우크라이나 독립파 빅토르 유센코였다. 시민들은 투표와 집계 과정에서 심각한 위반 사실을 발견했고, 선거의 무효를 주장하며 전국에서 들불처럼 일어나 시위에 참여했다. 이들의 시위는 단지 빅토르 유센코 개인을 지지하는 것이 아니라, 러시아로부터의 진정한 독립과 그를 기반으로 한 실질적 민주주의의 실현을 위한 것이었다. 유센코 지지자들은 민주주의의 상징으로 오렌지색 깃발과 팻말을 들고, 오렌지색 의상을 착용했다. 그에 착안하여 이 운동을 '오렌지혁명'이라 부르게 되었다.

결국 최고재판소는 투표와 집계과정에서 심각한 위반 사실을 발견하고 재선거를 발표했으며, 빅토르 유센코가 대통령으로 당선되었다.

4 우크라이나 전쟁

러시아의 미사일 공격으로 파괴되고 있는 도시의 모습.

우크라이나 전쟁은 이와 같은 러시아와 우크라이나의 불평등한 관계 속에서 발생했다. 러시아는 우크라이나를 자신의 영향력 아래에 두려 하고, 우크라이나는 러시아의 간섭과 지배로부터 완전히 빠져나오려고 한다. 이런 긴장 관계를 전면적인 전쟁으로 점화시킨 사건은 우크라이나 젤린스키 대통령의 나토(북대서양조약기구)가입 천명이었다. 나토는 미국이 소련(러시아)의 팽창을 억제하기 위해 유럽국가들이 맺은 군사동맹이다. 우크라이나는 나토의 힘을 빌려 러시아로부터의 완전한 독립을 원했지만, 반대로 러시아는 나토의 군대가 코앞에 배치된다는 사실에 위기감을 느끼고 우크라이나를 정복하기 위한 전쟁을 시작했다. 전쟁은 소강상태에 빠져 있고 양쪽 모두 완전한 승리를 거두지 못하고 있다.

그럼 우크라이나의 승리는 우크라이나의 민주주의를 진전시킬 것인가? 꼭 그렇지는 않다. 자주권을 가진 국가는 민주주의의 기본 조건이지만, 우리는 독립전쟁 이후 왕정과 독재정권으로 퇴보한 나라의 예를 수없이 경험했다. 젤린스키는 전쟁을 승리로 이끈 것을 근거로 반대파를 제거한 후에 독재정치를 행할 수도 있다. 이렇게 전쟁의 승리가 우크라이나의 미래에 장밋빛 전망만을 선사하지는 않는다. 전쟁의 피해자는 우크라이나가 되고 수혜자는 무기 수출을 통해 돈을 번 미국과 유럽의 정권이 될 것이다. 반대로 러시아의 패배는 러시아의 민주주의를 앞당길 수도 있다. 푸틴의 1인 철권통치가 와해되고 러시아 역사상 처음으로 민주정부가 들어설 수도 있다. 이처럼 민주주의의 관점에서 볼 때는 전쟁 승리와 패배의 결과가 반대로 나타날 수도 있다. 어느 경우든, 러시아와 우크라이나의 국민은 지속적인 혼란을 겪을 수밖에 없는 운명에 처해 있다.

07

대한민국의
민주주의

군사독재에서 세계가 놀랄만한
민주주의 진전 국가로

대한민국은 아시아, 아프리카, 남아메리카를 통틀어 식민지 지배와 독재라는 민주주의 말살의 경험을 지니고 있지만, 놀랄만한 능력으로 단기간에 민주주의의 틀을 확립한 몇 안 되는 나라 중의 하나이다. 그러나 한국 민주주의의 역사는 해방 이후로부터 시작되지 않는다. 일제로부터의 독립운동도 크게 보면 민주주의 회복 운동의 일환이었다. 비록 민주주의가 실현되기 위한 국가는 존재하지 않았지만 빼앗긴 조국을 찾기 위한 투쟁과 그 안에서의 노력은 민주주의 회복운동으로 충분히 볼 수 있다. 더 나아가 한국 민주주의의 역사는 조선말로 거슬러 올라간다. 이 시기에 신분제 철폐, 봉건 왕조 폐지, 천지인(사람이 곧 하늘이다.)은 프랑스혁명의 자유 평등 박애의 사상과 같은 맥락 속에 있었다. 이 사상을 지닌 전국적 운동이 19세기 말엽에 일어난 동학혁명이었다.

이런 100여 년의 도도한 흐름 속에서 현재의 한국 민주주의가 정립된 것이지, 해방 후 수십 년의 노력으로만 이루어진 것은 아니었다. 지금까지 살펴본 세계 각국의 민주주의 역사가 모두 그렇다.

동학혁명에 대한 오해 또는 폄하
-하늘 아래 인간은 모두 평등하다 -

사전에 의하면, 동학혁명은 1894년 음력 1월에 발생하여 1895년까지 지속된 농민전쟁을 일컫는다. 고부군수의 학정에서 촉발된 농민전쟁은 전라도와 충청도를 휩쓸지만 결국 우금치 전투에서 청나라와 조선 정부군에 의해 패한다. 그러나 이 기간은 농민을 중심으로 한 무장봉기의 시작과 끝만을 가리킨다. 이는 동학혁명을 단기간의 농민 반란으로 폄하하는 관점이다.

동학혁명은 장기간에 걸쳐 일어난 사회변혁운동이었다. 또 그 범위는 전라도와 충청도에 국한되지 않았다. 동학은 경기도, 경상도, 강원도, 제주도 등 전국에 영향력을 행사했으며 이미 민중들 사이에 깊게 뿌리내리고 있었고, 평등을 모체로 하는 동학의 핵심 사상은 신분제 국가인 봉건 왕조를 위협하기에 이르렀다. 이에 위기를 느낀 조선왕조는 1864년 1대 지도자인 최제우를 처형하였다.

이처럼 동학의 흐름은 19세기 중엽 이전으로 거슬러 올라간다. 조선은 이미 부패할 대로 부패해 있었다. 국내 정치는 말할 것도 없고, 각각의 정치 파벌들이 정권을 잡기 위해 청과 일본, 러시아를 끌어들여 국가의 이권을

1894년 서울로 압송되는 전봉준, 그리고 전주 한옥마을에 있는 동학혁명기념관.

헌납하며 상대편을 진압하는 과정을 반복하고 있었다. 임오군란은 청나라를 끌어들였고, 갑신정변은 일본이 조선에 관여하는 길을 열어주었으며, 고종이 러시아 공사관에 피신한 아관파천은 또 하나의 제국주의를 조선에 끌어들였다.

동학혁명은 안으로는 왕정을 타파하는 반봉건 민주주의 사상이었고, 밖으로는 국가를 지키는 반외세 투쟁이었다. 조선 정부는 동학을 탄압하기 위해 청과 일본, 러시아를 끌어들였고, 일본은 청일전쟁과 러일전쟁에서 잇달아 승리하면서 한반도 지배권을 갖게 되었다. 이후 조선은 일제 식민지 시대를 맞이한다. 부패한 조정과 을사오적은 나라를 팔아먹었지만, 애국인사와 민중은 일제의 조선합병에 끈질기게 저항했다. 그리고 그 정신은 일제식민지하의 독립운동으로 발전했다.

식민지시대의 독립운동이 민주주의 운동이라고?
- 국가가 있어야 국민이 있다 -

일본 제국주의에 맞서기 위해 무장한 의병들의 모습.

임시정부 국무원들의 모습, 그리고 탑골공원에 있는 3.1운동 기념비.

남미나 아프리카 아시아의 여러 나라와 마찬가지로 대한민국 민주주의의 싹은 식민지 지배자들에 의해 말살되었다. 민주주의는 국민 개개인이 국가의 주인인 바, 국가가 없으니 조선인은 국민이 아니라 일본의 식민지인이었다. 조선인은 민주주의라는 말에서 배제되었다. 그러기에 국가를 되찾는 일은 민주주의를 실현하기 위한 가장 시급한 과제였다. 영국이나 프랑스 등의 유럽 나라들이 남미나 아프리카, 아시아의 식민지를 지배할 때 썼던 방법과 마찬가지로, 일본은 조선의 친일파들에게 혜택을 주면서 조선을 대리통치하는 방법을 취했다. 외세를 끌어들여 동학을 탄압했던 세력들이 식민지 시대에 다시 득세하였다. 그들에 저항하는 운동은 국내뿐 아니라 국외에서도 활발하게 일어났다. 3.1만세 운동을 비롯한 조선 내의 끊임없는 저항, 상해 임시정부, 만주의 무장투쟁 등이 그것이었다. 결국, 1945년 조선은 해방을 맞이하고, 민주주의의 실현의 기초인 국가를 되찾았다. 식민지인은 대한민국의 국민이 되었던 것이다. 이처럼 시간은 민주주의의 실현을 향한 도도한 흐름 속에 있다.

독립 후 1987년 6월 민주화운동까지
- 대통령과 국회의원을 민주적인 방법으로 뽑기까지
무려 40여 년의 시간이 걸리다 -

해방 후 대한민국은 미국과 소련의 대립으로 남북으로 분열되었다. 북한은 소련식 사회주의 일당 독재로 나아갔고, 현재 세계인권기구의 민주주의 지수에서 최하위를 기록하고 있다. 남한은 다당제와 대통령제, 삼권분립을 기초로 한 민주주의 공화국임을 선포했다. 그러나 이것은 어디까지나 민주주의 내용이 하나도 담보되지 않은 껍데기였다.

4·19혁명

1960년 이승만 자유당 정권은 3월 15일 실시된 선거에서 개표를 조작했다. 자신들의 표를 가짜 투표함에 집어넣어 진짜 투표함과 바꿔치기하는 수법이었다. 이에 시민들은 부정선거 무효화와 재선거를 주

장하는 시위에 나섰다. 자
유당 정권은 시위를 해산
시키고 적법한 선거였다고
주장했으나, 경상남도 마
산 앞바다에서 김주열의
시신이 떠오르면서 전국민
적 저항으로 격화되었다.

이승만 독재정권을 무너뜨린 4·19혁명.

김주열은 3월 15일 시위에 참여했다가 실종되었는데, 경찰에 의해 바다에 수장되었다가 4월 11일 최루탄이 눈에 박힌 채 떠올랐던 것이다.

결국, 경무대(청와대 전 대통령 집무실)로 행진하는 시위대를 향해 경찰은 발포를 하였고, 전국적으로 186명이 사망하고 6026명이 부상을 당했다. 이 혁명의 결과로 이승만 정권이 몰락하고 허정 과도정부를 거쳐 윤보선을 대통령으로 장면을 부통령으로 하는 민주당 정부가 탄생했다.

그러나 자유당에서 과도정부, 민주당으로 정권만 바뀌었을 뿐 시민들이 기대했던 개혁은 미미했다. 과도정부의 초기에는 이승만 정권의 부정 축재에 대한 조사와 자금 환수가 이루어지고 부정선거 책임자에 대한 조사가 이루어졌지만, 시간이 지날수록 지리멸렬한 양상을 띠었다. 1960년 10월 초에 있었던 재판에서는 부정선거, 발포, 부정축재 등으로 기소된 사람들 대부분이 형식적인 형벌을 선고받았다. 이런 상황은 국민들의 공분을 불러일으켰고, 결국 10월 11일에는 격

이승만 정권의 부정부패와 부정선거에 대한 수사는 변죽만 울리고 끝이 났다.

분한 4월 혁명 부상자들이 의회에 쳐들어가는 사건이 발생했다. 결국 이승만 정권의 부정부패와 부정선거에 대한 수사는 변죽만 울리고 미약한 수준의 형벌을 받는 것으로 끝이 났다.

이런 이유로 4월 혁명은 '미완의 혁명'이라고 불리기도 한다. 이것은 민주주의가 정권의 교체를 뜻하는 것이 아니라 정권 교체와 더불어 내용을 채우는 것이 중요하다는 사실을 다시 한번 일깨우는 교훈을 남겼다. 그렇다고 하더라도, 부패한 권력을 시민의 힘으로 끌어내린 경험은 한국 민주주의의 소중한 자산이었다.

군사쿠데타

개혁은 지리멸렬 했지만, 그나마 민주적으로 구성된 민주당 정부도 오래가지 못했다. 1961년 5월 16일 새벽 박정희는 일단의 군인들을 이끌고 한강 인도교를 건너 방송국과 국가기관을 점령하는 쿠데타를 일으켰기 때문이다.

박정희는 새벽 5시 라디오 방송을 통하여 자신들의 쿠데타를 새로운 국가를 재건하기 위한 '혁명'이라 칭하고 '혁명 공약'을 발표했다. 그는 곧 '군사혁명위원회'를 만들어 전국에 계엄령을 선포했다. 군부정권은 중앙정보부(안기부와 국정원의 전신)를 조직하여 중앙정보부에 구속영장 없이 시민을 체포 구금하는 인권탄압의 권한을 주었고, 반공법(현재의 국가보안법)을 만들어 민주화운동 세력을 국가를 전복시키려는 친북 공산주의자로 몰아 탄압했다.

정치인의 모든 활동은 금지되었고, 신문과 잡지는 폐간되었다. 4.19혁명 이후에 싹트기 시작한 민주주의적 사상과 행위는 모두 금지되었다. 혁신정당, 사회운동시민단체, 통일운동단체 등은 모두 해산되거나 그 일꾼들은 구금당했다. 민족일보 발행인 조용수와 사회당 간

5.16 군사쿠데타의 주역인 박정희의 모습.

부 최백근은 간첩 혐의로 몰려 사형당했고, 나머지는 대부분 중형을 받고 감옥에 수감되었다. 진상규명운동도 금지되고 희생자에 대한 추모조차 '집회 시위에 관한 법률' 위반으로 처벌되기에 이르렀다. 노동운동은 불법행위가 되었고, 모든 노동운동 조직은 군사정권에서 만든 어용 조직인 한국노동조합총연맹(현재의 한국노총)으로 통합되었다.

반대로, 민주화운동세력을 탄압함과 동시에 국민들의 지지를 얻고자 사회정화정책들을 시행했다. 부정부패와 관련된 공무원들을 해임하고, 술집 다방 윤락가 등을 폐쇄하는 사회정책들이었다. 이런 선전 정책들은 잠시 동안 깨끗한 사회를 원하는 국민의 지지를 받기도 했으나, 얼마 지나지 않아 쿠데타를 정당화시키기 위한 것임을 깨닫게 되었다.

민정의 탈을 쓴 장기독재로

1961년에 시작된 군정은 1963년까지 계속되었다. 시민들은 군정 종식을 요구했다. 쿠데타 세력에게도 군부 통치는 더 이상 명분이 없었다. 처음 약속한 대로 민정 이양을 위한 준비를 해나갔다. 그 준비는 민정의 가면을 쓴 군부의 장기집권을 위한 계획이었다.

박정희를 위한 정당 설립이 막후에서 진행되고, 영구집권을 위한 헌법이 비밀리에 만들어지고 있었다. 그는 국가가 안정되면 군인의 신분으로 돌아가겠다는 약속을 헌신짝처럼 버리고 민주공화당 후보로 출마했다. "다시는 나와 같은 불행한 군인이 나오지 않기를 바란다."는 것이 그가 남긴 출마의 변이었다. 정치를 하고 싶지 않지만 국민의 뜻을 받들어 출마한다는 논리였다. 이는 군인과 정치의 분리를 원하는 국민에 대한 배신이었다.

그러나 이미 1961년부터 쿠데타 세력은 민정 이양 이후에도 자신들이 집권할 계획을 가지고 있었다. 막대한 선거자금과 언론의 일방적인 지원에 힘입어 박정희는 대통령에 당선되었다. 선심성 자금이 막대하게 살포되고, 조직적으로 투표인들을 실어 나르고, 언론은 그를 애국주의자로 찬양했다. 그가 처음 말한 민정 이양은 거짓말이었고, 군정은 유사 민간통치로 변한 것에 지나지 않았다.

한일 굴욕 회담 반대 운동

일제에서 해방된 후, 일본은 식민지 지배에 대하여 사과와 피해보상을 하지 않았다. 이로 인해 한국과 일본 간의 교류는 없었고, 한국 국민들은 일본을 신뢰하지 못했다. 박정희는 한일회담을 진행했는데, 그 과정이 투명하지 않았고 내용은 굴욕적이었다. 식민지 지배와 수탈에 대한 진정한 사과와 보상은커녕, 몇 억 달러의 경제 원조를 받는 대가로 일본에 식민지 지배의 면죄부를 주고 경제 종속화의 길을 다시 열어주는 것이었다.

박정희는 일본군 장교로 만주에서 근무한 전형적인 친일파였다.

1964년 한일 회담 반대 운동, 즉 6.3 항쟁 당시에 가두행진에 나서는 시위대.

굴욕적인 경제 원조를 통하여 군인 통치자의 이미지를 경제개발의 선구자로 만들려는 야심이 만들어낸 결과였다. 1964년부터 한일회담 반대운동이 전국을 강타했다. 야당과 지식인, 학생, 시민, 재야는 '대일굴욕외교반대 범국민투쟁위원회'를 만들었다. 회담이 타결될 것이라는 소문이 돌자, 1964년 3월 25일부터는 시위가 전국의 대학교와 고등학교로 번졌고 시위는 지방의 소도시로 확산되었다. 시위는 장기화되었고, 분노한 시위대는 청와대를 포위하고 군경과의 대치에 들어갔다. 한일협정 반대시위는 4.19를 방불케 했다.

박정희 정권은 결국 전국에 비상계엄을 선포했다. 1200여 명의 학생과 시민들이 체포되어 91명이 구속되었다. 학교에는 휴교령이 떨어졌다. 시위는 계속 산발적으로 일어났고, 비상계엄하에서 시위에 참여한 시민들은 내란죄로 구속되었다. '언론윤리위원회법'이 제정되어 언론은 정부에서 검열된 내용만을 전달할 수 있었다. 또한 여러 간첩단 사건을 조작하는 공포정치가 실행되었다.

광주민주화운동

박정희의 독재는 1979년까지 지속되었다. 그는 영구적으로 대통령이 가능한 '유신헌법'을 만들었지만 1979년 10월 26일 궁정동 만찬에서 김재규에게 죽음을 당했다. 1인 장기 독재가 끝나고 한국의 민주주의는 봄을 맞는 듯했다. 그러나 국민들이 민주주의의 미래를 준비할 여유도 없이, 곧바로 전두환이 군사쿠데타로 정권을 잡았다.

전두환은 박정희가 군사쿠데타를 일으킬 때와 똑같은 명분을 내세웠는데, 혼란한 나라를 안정시키고 새 조국을 건설한다는 것이었다. 사회를 정화하여 살기 좋은 신 사회를 만든다는 정책도 비슷했다. 삼청교육대를 만들어 사회의 범죄자를 소탕한다고 했으나, 이는 인권

광주민주화운동 당시의 금남로와 전남도청 앞 광장에 모인 사람들.

탄압의 도구로 이어졌다. 수많은 사람이 전두환 신군부의 선전용 정책의 희생양이 되어 인권을 유린당하고 감금된 채 사망했다.

1980년 5월 18일 광주에서 민주정부 수립, 전두환을 비롯한 군부정권의 퇴진, 계엄령 철폐를 요구하는 시위가 일어났다. 신군부는 시위진압 훈련을 받은 공수부대를 투입하여 시위를 진압했고, 이 과정에서 200명의 사망, 실종자가 발생하는 비극이 벌어졌다. 부상자는 약 4300여 명이었다.

2009년 다시 정밀한 조사가 이루어져 이보다 훨씬 많은 희생이 있었음이 드러났다. 사망자는 163명, 행방불명자 166명, 부상 후유증으로 숨진 사람 101명, 부상자 3139명, 구속과 구금된 사람 1589명, 연고가 확인되지 않는 매장자 5명 등 피해자는 총 5189명으로 집계되었다. 광주민주화운동은 아시아의 여러 나라, 필리핀, 태국, 미얀마, 인도네시아 등의 민주주의 운동에 커다란 영향을 끼쳤고, 투쟁의 기록물은 2011년 유네스코 기록문화유산으로 지정되었다.

1987년 6월 민주화운동

광주의 항쟁으로 많은 희생이 발생했지만, 전두환은 박정희의 길을 택했다. 민정 이양을 거부하고 장기독재의 길로 나아갔다. 한국 국민은 1987년까지 박정희 시대와 같은 공포정치의 시대를 다시 살게되었다. 1986년과 1987년 사이에는 폭압정치가 절정에 이르렀다. 부천경찰서에서 벌어진 여성 시위자 성고문 사건, 물고문에 의한 박종철 고문치사 사건, 이한열 최루탄 피격 사건 등이 꼬리를 물면서 시민들의 분노는 극에 달했다.

6월 민주 항쟁 당시의 모습.

이에 1987년 6월 10일부터 서울 시청 앞에 백만 명의 시민이 모여 민주화를 외쳤고, 전국 모든 도시의 중심가에 인파가 몰렸다. 전 국민적 항거는 6월 27일까지 진행되었고, 결국 6월 29일 대통령 직선제로의 개헌을 발표하기에 이르렀다. 이후 1987년 12월 16일 역사적인 대통령 직선제 선거가 실시되었다.

6월 민주화운동과 대통령 직선제 성취는 대한민국 민주주의 역사의 전환점이었다. '민주주의의 정의는 국민 개개인이 국가의 주인이다. 국민은 투표를 통하여 자신의 대표자를 선출한다. 국민의 대표자는 국민의 요구를 실행하는 권한을 위임받는다.' 조선말에서 1987년까지 100여 년의 시간 동안, 단 한 번도 대한민국의 국민은 자신의 대표자를 자유롭고 공정한 환경 속에서 내 손으로 뽑을 수 없었다. 그 작고 위대한 권리를 쟁취하기까지 100여 년의 시간이 흐른 것이다.

02

1987년에서 현재까지
-민주주의가 정착해나가는 과정-

　　이후 대한민국은 1987년에 수립한 민주주의의 기초 위에서 크게 두 정당이 국민의 대표자로 국정을 이끌고 있다. 국정농단 등의 커다란 사건이 있었고, 부정부패 또한 존재한다. 그러나 누구도 억압적으로 투표하라고 강요하지 않고 또한 강요받지 않는다. 자신의 의사에 따라 자유롭게 투표하고 그 결과에 대해서도 책임을 져야 한다. 1987년에 확립한 민주주의 제도는 최소한의 형식일 뿐이다. 그 제도 속에 채워지는 내용이 무엇인가에 따라 민주주의의 질을 평가할 수 있다면, 내용을 파악하는 성숙한 민주주의 의식이 절실히 필요하다.

　　대한민국은 국민의 투표에 의해 국민의 대표자인 대통령, 국회의원, 자치단체장, 교육감, 기초의회 의원 등을 뽑는 민주주의 국가이다. 제도는 보장되어 있다. 내용은 이렇다. '국민의 대표자는 국민이 대표를 허락한 것이다. 그가 국민보다 우월해서 대표자가 된 것이 아니다. 국민의 세금으로 대표자에게 월급을 주는 것이다. 언제나 국민이 주

2016년 박근혜 정권 퇴진을 염원하는 대규모 촛불집회.

인이다.' 국민 스스로 주인이 아니라고 느낄 때, 대표자가 스스로 잘
나서 대표자가 되었다고 독단적으로 행동할 때, 민주주의는 내용에서
삐걱거린다고 할 수 있다. 민주주의는 투표함으로써 자기 의무를 다
하는 속편한 제도가 아니다. 민주주의는 언제나 유권자와 대표자 간
의 긴장 관계 속에 있다. 민주주의는 대표자들에 대한 감시, 정책 수
정의 요구를 끊임없이 해야 하는 성가신 제도이며, 여기에는 요구가
수용되지 않을 시에는 대표자의 자리를 박탈하는 힘겨운 일도 포함
되어 있다.

기나긴 민주주의의 역사 속에서

자연에 내던져진 원시 인류는 본능적으로 민주주의를 실현했다. 거친 자연과 맹수로부터 개체를 보존하기 위해 힘을 합하여 먹이를 구하고 함께 먹는 지혜를 나누었다. 무리의 우두머리는 대표자의 명예를 갖는 대신 무리를 지켜내야 하는 의무를 동시에 수행했다. 농경이 시작되고 부가 축적되면서 고대문명이 싹텄다. 동시에 부를 독차지하려는 욕구가 생기면서 왕, 귀족, 평민, 노예를 나누는 신분제가 만들어졌다. 불평등의 시간이 지속되었지만 민주주의의 맹아가 싹텄다. 그 시작은 그리스의 직접민주주의와 로마의 공화정(다수의 대표자에 의한 통치)이었다. 이 제도는 한계를 지니고 있었다. 그리스의 직접민주주의는 노예와 여성이 배제된 남성시민의 제도였고, 로마의 공화정은 노예와 평민, 여성이 배제된 남성귀족대표들의 통치였다. 그러나 1인의 독재가 아니라는 점에서는 놀랄만한 사건이었다.

그 이후 민주주의는 쇠퇴했다. 중세의 기독교 중심주의는 교황을 정점으로 교회가 인간을 통치했고, 봉건영주제에서는 영주가 농노를 통치했다. 이후의 절대왕정은 왕이 민중을 통치했다. 그들은 각 시기의 절대 권력자였다. 인류는 그리스의 직접민주주의로부터 근 2000년 동안 아름다운 제도를 잊고 있었고, 자유 평등 박애의 정신을 바탕으로 한 프랑스 대혁명을 통해 다수에 의한 통치제도인 민주주의를 부활시켰다. 영국은 권리청원과 권리장전, 명예혁명을 통해 의회 제도를 정착시켰고 독일은 바이마르 공화국으로부터 현대 민주주의의 기초를 닦았다.

북아메리카의 캐나다와 미국은 토착민과 여성, 흑인을 배제시킨 민주주의 역사를 지니고 있으며, 남아메리카 여러 나라는 식민지로부터의 독립과 왕정을 거쳐 독재와 민주주의가 반복되는 위태로운 민주주의를 이어나가고 있다. 이곳의 토착민과 흑인, 대다수의 시민들은 아직도 민주주의에서 소외된 채로 남아 있다.

식민지였던 아프리카와 아랍, 아시아의 국가의 상황은 더 열악하다. 2차 대전 이후 독립 국가는 이루었지만 여전히 식민지 지배자들의 하수인 격인 왕정과 독재정치가 존재하고, 기초적으로나마 민주주의를 정착시킨 나라는 손에 꼽을 정도다. 그러나 유럽보다 훨씬 짧은 민주주의의 역사에도 불구하고 민주주의를 향해 나아가고 있다. 그런 나라의 모범적인 사례로 대한민국을 들 수 있다. 또 사회주의 일당 독재의 길을 걸었던 동유럽의 나라들은 1990년대 이후 유럽의 민주주의 제도를 정착해나가고 있다. 이들 나라들의 편차는 크다. 사회주의에서 자본주의로의 이행 속에서 시민 민주주의를 실현하기도 했지만, 자본주의적 1인 철권독재가 행해지는 나라도 여럿 있다. 천민자본주의가 이식되어 빈부 간의 격차는 사회주의를 추구했던 시절보다 월등히 높아졌다. 30여 년의 시간은 민주주의가 정착되기에 턱없이 짧다.

민주주의가 완벽하게 실행되는 나라는 지구상에 없다. 거기에는 언제나 배제된 인종, 성, 계급이 존재한다. 각국의 시민은 자기 나라의 민주주의를 지키기 위해 싸우며, 인류는 연대하여 인간 사이의 차별과 속박에 저항하고 있다. 민주주의는 언제나 완성된 형태를 향해 나아가는 현재진행형의 제도인 것이다. 또한 이 책에서 기술한 바대로 민주주의가 유럽에서만 태동되었다는 편견을 극복하는 것도 중요하다. 각각의 민족은 자신의 역사 속에서 민주주의의 기초형태를 지니고 있다. 민주주의는 인간의 보편적 열망이며 지향점이다.

민주주의의 역설

이처럼 민주주의는 인류의 발명품 중에서 가장 유익한 제도인 동시에 가장 힘든 제도이기도 하다. 민주주의는 제도를 만들어내기까지도 지난한 시간이 필요하지만, 자유 평등 박애의 내용을 채우고 지켜내기가 더 어렵다. 한눈을 팔면 독재와 '유사민주주의'로 치닫는다. 유사민주주의는 민주주의의 형식을 가장한 독재로 국민을 속인다. 민주주의를 유지하려면 개개인이 피곤함을 감수해야 하고, 최악의 경우에는 희생이 따른다. 그것이 민주주의의 역설이다. 민주주의는 좋은 것이다. 그러나 마냥 좋은 것이 아니다. 개개인의 노력이 뒷받침되어야 한다. 이것이 민주주의의 역사 속에서 얻는 진정한 교훈일 것이다.

원스턴 처칠

영국의 수상이었던 원스턴 처칠이 했던 말을 기억하자.

"민주주의 좋긴 한데, 너무 피곤해. 어디 편한 제도가 없을까? 그러나 아무리 찾아봐도 민주주의제도보다 더 나은 것은 없어. 결국 피곤하지만 민주주의를 유지하려고 노력하는 도리밖에……"

이미지 출처

17 게티이미지뱅크코리아 18 게티이미지뱅크코리아 19 게티이미지뱅크코리아 23 게티이미지뱅크코리아 24 게티이미지뱅크코리아 35 게티이미지뱅크코리아 36 게티이미지뱅크코리아, 위키백과(에클레시아 모여 있는 그리스인들 그림) 42 게티이미지뱅크코리아 44 게티이미지뱅크코리아 50 써네스트 51 게티이미지뱅크코리아 52 위키백과 54 위키백과 56 위키백과 61 게티이미지뱅크코리아 63 위키백과 66 위키백과(인권선언문), 게티이미지뱅크코리아 68 게티이미지뱅크코리아 70 게티이미지뱅크코리아 73 게티이미지뱅크코리아 74 게티이미지뱅크코리아 75 위키백과(권리장전), 게티이미지뱅크코리아 76 게티이미지뱅크코리아 77 게티이미지뱅크코리아 78 게티이미지뱅크코리아 81 게티이미지뱅크코리아 84 게티이미지뱅크코리아 85 게티이미지뱅크코리아 87 게티이미지뱅크코리아 88 게티이미지뱅크코리아 89 써네스트 90 위키백과 91 위키백과 92 위키백과 93 위키백과 94 게티이미지뱅크코리아 97 게티이미지뱅크코리아 99 위키백과 101 위키백과 103 위키백과 104 위키백과 105 위키백과 108 위키백과 110 위키백과 112 위키백과 113 위키백과 114 위키백과 116 위키백과 117 위키백과 118 게티이미지뱅크코리아 119 위키백과 122 위키백과 123 위키백과 129 위키백과 131 위키백과 132 위키백과 133 위키백과 134 위키백과 135 위키백과 136 위키백과 137 위키백과 138 위키백과 140 위키백과 141 위키백과 145 위키백과 146 위키백과 147 위키백과 149 위키백과 150 위키백과 151 위키백과 152 위키백과 154 위키백과 162 위키백과 163 위키백과 164 위키백과 165 위키백과 170 위키백과 171 위키백과 174 위키백과 175 위키백과 177 위키백과 179 위키백과 181 위키백과 182 써네스트 183 위키백과 189 위키백과 190 위키백과 191 위키백과 193 위키백과 196 위키백과 198 위키백과 200 위키백과 202 위키백과 203 써네스트 206 위키백과 208 위키백과 209 위키백과 210 미얀마지지시민모임 214 위키백과 215 위키백과 219 위키백과 220 위키백과 221 위키백과 223 위키백과 224 위키백과 225 위키백과 228 위키백과 229 위키백과 231 위키백과 233 게티이미지뱅크코리아 237 위키백과뱅크코리아

시시콜콜 민주주의의 역사

초판 1쇄 | 2024년 8월 30일

지은이 | 김결
편 집 | 박일구
디자인 | 김남영
펴낸곳 | 써네스트
펴낸이 | 강완구
출판등록 | 2005년 7월 13일 제 2017-000293호
주 소 | 서울시 마포구 망원로 94, 2층 203호
전 화 | 02-332-9384 팩 스 | 0303-0006-9384
홈페이지 | www.sunest.co.kr
ISBN | 979-11-94166-10-8(43900)   값15,000원

2024ⓒ 김결, 써네스트